GEORG FABIAN

DISKUTIEREN DEBATTIEREN

Ein Werkbuch der Gesprächsformen

VERLAG J. PFEIFFER MÜNCHEN

Mitglied der »verlagsgruppe engagement«

6., verbesserte Auflage 1973
24.—27. Tausend

Nr. 38
PFEIFFER-WERKBÜCHER
herausgegeben von
OTTO BETZ

Printed in Germany
Druck: Manz, Dillingen/Donau
Umschlagentwurf und
Illustrationen: Lea Koch-Auvo

ISBN 3 7904 0032 7

ZUM GELEIT

Wer hat es noch nicht erlebt: ein paar junge Leute haben sich vorgenommen, miteinander zu diskutieren. Aber schon bald verhaspeln sie sich, bleiben am unwichtigsten Punkt stecken, kommen vom Hundertsten zum Tausendsten, und am Ende weiß keiner mehr, was man sich eigentlich vorgenommen hatte. Was soll man da tun? – Jedenfalls nicht schimpfen, das hilft nicht weiter. Die Diskussion hat ihre Gesetze, das Gespräch ebenfalls und die Debatte nicht minder. Eine Podiumsdiskussion muß anders angelegt werden als ein Unterrichtsgespräch. Die Eigengesetzlichkeit der Dialektik versteht sich nicht von selbst, sie muß vermittelt und eingeübt werden. Wer lernen will, ein Gespräch zu führen, der muß hören lernen, er muß auf den anderen eingehen können, er muß ihn ermuntern, sein Teil zum Ganzen beizutragen. Wer das Diskutieren und das Debattieren lernen will, der muß Maßstäbe bekommen, um die Meinung des anderen beurteilen und eventuell zerpflücken zu können. Das ist zwar nicht nur eine Technik, die man sich schnell aneignen könnte (die wirkliche Gesprächs- und Diskussionsfähigkeit eines Menschen ist ja ein Zeichen seiner Reife), aber es gehört jedenfalls auch dazu, daß man die Gesetze und Eigenarten kennt und übt. Ein großes Arbeitsfeld steht da vor den Lehrern und Erziehern, den Jugendführern und all denen, die sich für die Öffentlichkeitsarbeit und für die politische Bildung verantwortlich fühlen.

Auf jeder Seite dieses Buches spürt man, daß Georg Fabian eine reiche Erfahrung in der Erziehung zur Diskussionsfähigkeit hat. Er weiß, die Begriffe zu klären, er weiß, wie man mit Kindern und Jugendlichen die verschiedenen Möglich-

keiten übt, und er weiß, daß man diese Einübung nicht mit tierischem Ernst, sondern locker und fröhlich vornehmen muß. Dieses Büchlein könnte deshalb sehr fruchtbar werden, weil es nicht öde dahertheoretisiert, sondern ungemein anschaulich ein weites Feld ausbreitet. Ein ganzes Füllhorn voller Anregungen für den, der willens ist, in diesem Arbeitsbereich mitanzupacken.

Otto Betz

VORWORT

»Wir wollen diskutieren!« Diese Forderung erklingt heute in allen Bereichen unserer Gesellschaft. Sie wird von den Schülern der weiterführenden Schulen erhoben, die sich damit gegen jede Form der Indoktrination wehren. Sie wünschen den Dialog und nicht den Monolog. Die Forderung ertönt in den Vereinen und Verbänden, in Gewerkschafts- und Parteiversammlungen. Überall wird der Wunsch deutlich, mitzureden und mitzugestalten.

Auch die Kirchen haben gemerkt, daß lange Predigten nur wenig Widerhall finden. Die Menschen suchen lieber das Gespräch. Selbst im Bundestag werden lange Reden nur ungern hingenommen und als Vorlesungen apostrophiert.

»Wir wollen diskutieren!« ertönt es in den Hörsälen der Universitäten, manchmal in Überschätzung der Möglichkeiten, denn selbst die Seminare, deren Hauptaufgabe das Gespräch sein sollte, sind so überfüllt, daß es zu einem echten Gespräch nicht kommen kann. Darin liegt sicher und mit Recht der Unmut vieler Studenten begründet.

Allgemein kann man feststellen: Die Diskutierfreudigkeit ist gewachsen. Wie sieht es aber mit der Fähigkeit zum Gespräch aus?

Gewiß, es gibt Gruppen, die die Praxis gut, ja zu gut beherrschen. Ich meine jene radikale Intelligenzschicht, die auf der Basis der »befreienden Toleranz« das Bewußtsein der Menschen verändern und das Wort umfunktionieren will. Ihrer geschulten Dialektik ist nur der gewachsen, der ihre Methoden und ihr Ziel kennt.

Aber davon abgesehen: Viele Menschen beherrschen die Regel und die Technik der verschiedenen Gesprächsformen nicht.

Da wird irgendwo ein »Diskussionsabend« veranstaltet. In Wirklichkeit sprechen dann drei Redner und füllen den ganzen Abend aus. Von Diskussion keine Spur. – Man erlebt »Diskussionsleiter«, die im wesentlichen das Gespräch selbst bestreiten. – Man ist enttäuscht von der »Diskussion«, die sich an einen Vortrag anschließen sollte, die nicht zustande kam, weil der Leiter sie nicht in Gang bringen konnte.

Die Beispiele ließen sich beliebig fortführen. Die Fehler wiederholen sich landauf, landab, Tag für Tag. Bei einer besseren Kenntnis der Materie brauchte das nicht zu sein.

Damit ist die Absicht dieses Buches umrissen: Es will einen Überblick bringen über alle Formen des Gesprächs. Daß – vor allem im pädagogischen Bereich – nicht in die Tiefe gehende wissenschaftliche Begründungen gegeben werden, dürfte aus der Tatsache verstanden werden, daß es sich um ein *Werkbuch* handelt. Nicht lange, theoretische Erörterungen sind heute Mangelware, sondern handfeste, praktische Beispiele. Sie stehen im Vordergrund. Das Buch ist aus der Praxis erwachsen und verbindet die Erfahrungen aus der Arbeit mit Jugendgruppen, aus der Schularbeit und aus der Tätigkeit im Stadt- und Kreisparlament. Es soll Handreichung und Hilfe sein für Schule, Jugendgruppe und politische Bildungsarbeit.

Die Themensammlung am Schluß des Buches wird sicherlich von vielen begrüßt werden.

Georg Fabian

Wozu?

> Eine Diskussion ist unmöglich mit jemand, der vorgibt, die Wahrheit nicht zu suchen, sondern schon zu besitzen.
>
> ROMAIN ROLLAND

Wozu diskutieren? Wozu debattieren? Heißt es nicht im Sprichwort: Reden ist Silber, Schweigen ist Gold!? Oder: Wer schläft (also nicht spricht), der sündigt nicht!? Thomas von Aquin warnt vollends: Wo viele Zungen sind, wird vielerlei gesprochen, und deshalb soll man ihnen wenig Glauben schenken. – Natürlich steckt viel Wahrheit darin. Aber der Rat, »nicht zu sprechen«, zielt ja nur dahin, nichts Unnützes, nichts Schlechtes, nichts Unwahres zu sagen. Erziehung, Wissenschaft, Kultur, Fortschritt, das Leben in der Gemeinschaft haben das gesprochene Wort zur Voraussetzung. Einer lernt vom andern. Wo zwei miteinander sprechen, sich ernsthaft über ein Problem unterhalten, gibt einer dem andern, nimmt einer vom andern. Wo mehrere sprechen, wo sie bewußt diskutieren, ist die Möglichkeit, voneinander zu lernen, noch größer. Einer mag viel wissen, zwei wissen mehr. Und wo die Zahl der Denkenden, Überlegenden und miteinander Sprechenden größer ist, ist auch die Möglichkeit des Wissensaustausches, der Klärung, der Erkenntnis größer. Und wird ein Beschluß gefaßt, so wird die Verantwortung dann von mehreren Schultern getragen.

Es ist – heute vor allem – nicht möglich, daß ein Mensch über so universale Fähigkeiten verfügt, daß er den Ratschlag anderer nicht mehr benötigt. Wirtschaft, Kultur, das gesamte Leben sind so differenziert, daß ein einzelner Mensch sie nicht übersehen kann. Darum Teamarbeit, darum Beratungen, Sitzungen, Konferenzen, Versammlungen, auf denen diskutiert und debattiert wird.

»Democracy Through Discussion«, so lautet der Titel eines Buches von Bruno Lasker (USA). Demokratie durch Diskussion! Die Diskussion ist eine wesentliche Ausdrucks- und Lebensform der Demokratie. Ohne Diskussion ist die Demokratie nicht denkbar. Wer nie die Meinung anderer anhört, nur aus sich heraus entscheidet, ist auf dem besten Wege, ein »Nichtdemokrat« zu werden. Er gerät sehr bald in Widerspruch zur Gemeinschaft. Mit dem Blick auf unsere jüngste Geschichte können wir sagen: Das »monologische Zeitalter« ist bei uns vorüber, jene Zeit, in der nur einer im Parlament sprach, nur eine vorgefaßte Meinung galt. Jene Zeit, deren dialogische Rudimente nur in dem Geschrei »Führer, wir folgen dir!« sichtbar blieben, deren dialogischer Höhepunkt in dem hysterischen »Ja!« zum Ausdruck kam, als Goebbels fragte: »Wollt ihr den totalen Krieg?« Man hatte das offene Sprechen, das Diskutieren, das Debattieren, ja, fast scheint es, das Denken verlernt, bis es zu spät war.

Gelegentlich hört man über jemand sagen: Mit dem kann man sich nicht unterhalten. Und die Folgerung, wenn auch nicht immer berechtigt: Er ist nicht gebildet. Er läßt nur seine Meinung gelten und duldet nicht, daß andere zu Worte kommen.

Wer diskutieren lernt, der übt die Formen, die das Zusammenleben in einer Gemeinschaft, im demokratischen Staat erfordert. Er lernt denken, schnell reagieren, sprechen, frei reden. Er lernt aber auch zuhören, warten, abwägen, beobachten und werten. Er lernt die Meinung des andern achten. Er übt Toleranz und Ritterlichkeit. Das letzte scheint mir besonders wichtig zu sein.

Der Pädagoge wird noch einen weiteren Grund anführen: Im Gespräch, in der Diskussion, in der Debatte werden alle Teilnehmer in starkem Maße zum Denken, zum geistigen Mitwirken angeregt, ganz anders als bei einem reinen Vortrag. Jeder fühlt sich beteiligt, jeder glaubt, wesentliches sagen zu können. Er entfaltet seine Kräfte. Er ist mit Verstand und Herz dabei. Auch diejenigen, die nur hörend, empfangend dem Streitgespräch folgen, sind in den Gedankenablauf innerlich eingespannt.

Amerikanische Forscher, vor allem Kurt Lewin und Norman R. F. Maier, haben Untersuchungen angestellt über die Auswirkungen von Vorträgen und Gruppendiskussionen. (Thema z. B.: Kinder sollen mehr Frischmilch trinken.) Die Ergebnisse machen deutlich, daß die praktischen Auswirkungen nach einem gut gelenkten Gespräch um das Doppelte oder Dreifache höher lagen als nach einem bloßen Vortrag. Die Begründung ist recht einfach: Die Teilnehmer haben die Erkenntnis im Gespräch erarbeitet und selbst gewonnen. Es ist »ihre« Erkenntnis, »ihre« Lösung, für die sie dann auch eintreten.

Bei der Frage »Wozu?« sei noch auf ein Problem hingewiesen: Das Fernsehen erobert die Familien. Tag für Tag sitzen Millionen von Menschen vor dem Bildschirm. Millionen sind der gleichen suggestiven Wirkung ausgesetzt. Das ist noch keine Gefahr. Die entsteht erst dann, wenn das Fernsehen vornehmlich fertige Rezepte, Lösungen, Wertungen in monologischer Form gibt, statt sie im Streitgespräch, in der Diskussion vor den Fernsehern zu entwickeln und diese geistig mitarbeiten zu lassen. Ausschließlich fertige Lösungen bedeuten geistige Verödung oder gar Verdummung. Der Dialog, das Gespräch zwischen Meinungsgegnern entfaltet auch die Kräfte des Zuschauers und veranlaßt ihn zu eigener Stellungnahme.

Die leidigen Begriffe

ODER: GANZ »OHNE« GEHT ES NICHT!

Miteinander sprechen – diskutieren – debattieren – disputieren

Hand aufs Herz: Wer kann schon auf Anhieb alle diese Begriffe klar auseinanderhalten? Ich habe mehrfach den Versuch unternommen und in Gesprächskreisen danach gefragt. Fast immer kamen die Antworten sehr zögernd und blieben allgemein gehalten oder unklar. Das ist entschuldbar, denn in der Umgangssprache wird z. B. zwischen Diskutieren und Debattieren oft kein Unterschied gemacht. Man hört von Debatten im Bundestag, man liest aber auch, daß die Abgeordneten diskutierten. Gemeint ist in vielen Fällen das gleiche. Doch ist der Vorgang, genau genommen, nicht derselbe. Discussio heißt Auseinandersetzung, Erörterung. In dem Wort Debatte steckt das Verb battere = schlagen. Mit »bat« bezeichnet man im Englischen das Schlagholz beim Kricketspiel. Wir finden auch die Silbe in Batterie, Bataillon, Bataille, also in militärischen Ausdrücken. Bezeichnenderweise sprechen die Fechter von »battieren« und meinen damit die Kunst oder Fertigkeit, dem Gegner die Klinge aus der Hand zu schlagen. Damit zeichnet sich der Unterschied zwischen Diskutieren und Debattieren sofort ab:

Die *Diskussion* ist eine – dem Charakter nach – friedliche »Auseinandersetzung«, eine Erörterung eines Problems mit dem Ziel, Klarheit zu schaffen, Erkenntnisse zu gewinnen, Lösungsmöglichkeiten zu finden, der Wahrheit näherzukommen. These und Antithese führen zur Synthese.

Eine *Debatte* trägt kämpferische Merkmale. Die Gegner stehen sich gegenüber, haben ihre Position bezogen, versuchen, die andere Seite zu überzeugen, zu überreden oder – zu schlagen.

Ein Beispiel aus dem parlamentarischen Leben: In den Fraktionsräumen wird meist diskutiert, um einen Standpunkt gerungen. Im Plenum wird dieser Standpunkt verteidigt, wird debattiert.

In der Wertung – moralisch, ethisch, pädagogisch – führt natürlich die Diskussion. Sie ist in hohem Maße geeignet, erzieherisch zu wirken. Das gilt natürlich auch für die Debatte, aber das »Klima« der letzteren verführt sehr leicht zu hitzigen Äußerungen, zu rhetorischen Tricks, zu gerissenen Schachzügen und manchmal auch zu Spiegelfechtereien. Dadurch wird die Debatte nicht entwertet. Sie wirkt spannender, interessanter. Sie hat ihren bestimmten Platz in unserer Gesellschaft, im politischen, wirtschaftlichen und kulturellen Leben.

Doch kehren wir zur Ausgangsfrage zurück. Die Formen des »Gesprächs« (als Sammelbegriff) sind nicht immer klar abgrenzbar. Oft wird aus einem Gespräch eine Diskussion, aus dieser eine Debatte oder umgekehrt. Bei der Vorbereitung ist zu prüfen, welcher Gesprächsform das Thema, der Sachverhalt oder das gesteckte Ziel am ehesten gerecht werden.

Wir unterscheiden *drei Hauptformen:* Gespräch, Diskussion und Debatte.

Merkmale des Gesprächs:

1. In der Regel kleiner Teilnehmerkreis.
2. Als Thema meist ein bekannter, wenig umstrittener Sachverhalt.
3. Unerhebliche Meinungsunterschiede.
4. Unterhaltungston.
5. Gesprächsleiter ist Partner und führt möglichst unauffällig.
6. Weg und Ziel sind oft (nicht immer) frei.

Merkmale der Diskussion:

1. In der Regel größerer Teilnehmerkreis.
2. Als Thema ein umstrittener Sachverhalt, Probleme, Wertungen, Fragen.
3. Unterschiedliche Auffassungen oder Meinungen.
4. »Gesprächstemperatur« liegt höher, ist jedoch nicht hitzig.
5. Diskussionsleiter führt straffer, lockt heraus, nimmt jedoch möglichst nicht Stellung.
6. Weg und Ziel meist gebunden und geplant. Das Ergebnis bedeutet oft Wertung, Lösung, Analyse.

Merkmale der Debatte:

1. In der Regel großer Teilnehmerkreis oder Vertreter eines großen Forums.
2. Ein scharf umstrittenes Problem.
3. Gegensätzliche Auffassungen, Wertungen oder Meinungen, die vorher (in der Diskussion) gefaßt oder festgelegt wurden.
4. »Gesprächstemperatur« hoch, Kampfstimmung.
5. Der Leiter der Debatte führt straff, ergreift nicht Partei.
6. Der Weg ist durch Geschäftsordnungen und Regeln meist vorgeschrieben. Die Wertung hat jede Gruppe vorweggenommen. Ziel: Sieg über den Gegner.

Die drei Formen unterscheiden sich meist auch in der Themenstellung:

Das *Gespräch* befaßt sich vornehmlich mit der Frage: Was ist . . .?

Die *Diskussion* erörtert die Frage: Was soll sein? Was soll geschehen? Was ist richtig? – Meist ist das Thema als Frage formuliert.

Im Mittelpunkt der *Debatte* steht ein Antrag: Wir fordern, behaupten, beantragen . . .

So schematisch, wie die Dinge hier dargestellt werden, bieten sie sich in der Wirklichkeit nicht immer. Sehr leicht wandelt

sich ein Gespräch zu einer Diskussion, nämlich dann, wenn recht unterschiedliche Meinungen auftreten und das Gesprächsthema sich ändert.
Die Diskussion artet zur Debatte aus, wenn aus Unterschieden Gegensätze werden und Kampfstimmung aufkommt.
Die Teilnehmerzahl ist kein »unbedingtes« Merkmal für eine bestimmte »Gesprächsform«. So kann ein Gespräch auch im großen, eine Diskussion oder eine Debatte auch im kleinen Kreis stattfinden. »Wesentliches« Merkmal scheint das »Klima« zu sein, in dem gesprochen wird.
Es gibt noch Sonder- oder Zwischenformen. Sie sollen hier noch nicht erwähnt werden, um den Überblick nicht zu erschweren.
Ein alltägliches Beispiel mag die Unterscheidung in der Themenstellung verdeutlichen:

Sachgebiet: Verkehr

Gespräch: Der Verkehr in unserer Stadt.
Diskussion: Wie können die Verkehrsverhältnisse in unserer Stadt verbessert werden?
Debatte: Antrag: Die Innenstadt muß für Kraftfahrzeuge gesperrt werden!
Ein anderes Beispiel:

Sachgebiet: Politik

Gespräch: Die Parteien in der Bundesrepublik.
Diskussion: Welche Aufgaben haben die Parteien in der BRD?
Debatte: Der Einfluß der Parteien im öffentlichen Leben muß verstärkt werden.
Die Themen sind hier scharf akzentuiert, damit der Unterschied der Formen recht deutlich zum Ausdruck kommt. Nicht jedes Thema läßt sich so eindeutig formulieren. Wir legen auch keine »Beckmessermethoden« an bei der Beurteilung,

ob der Verlauf eines »Gesprächs« der geplanten Form entsprach.

Wichtig aber ist – und das wird in diesem Buch mehrfach betont – daß dem Gespräch, der Diskussion, der Debatte eine eingehende sachliche Information vorausgehen soll. Das gilt in erster Linie für den Leiter, aber auch für die Teilnehmer. In einigen Fällen ist dies nicht möglich. Darüber später.

Schließlich noch das letzte Wort, das man allerdings selten, und dann meist falsch angewandt hört. Außer Gespräch, Diskussion und Debatte kennt man noch den *»Disput«*.

Gemeint ist damit ein Gelehrtenstreit, wie er auf den Universitäten früher üblich war: Die *Disputation* liegt ihrem Wesen nach zwischen Diskussion und Debatte, ähnelt jedoch mehr der letzteren, denn das Ergebnis, die These, liegt schon zu Beginn fest und wird verteidigt bzw. angegriffen.

Da das Wort nur noch selten verwandt wird und für uns keine große praktische Bedeutung besitzt, werden wir es nur kurz beim geschichtlichen Überblick beachten.

Die Begriffe *Gespräch*, *Diskussion* und *Debatte* wollen wir jedoch auseinanderhalten, schon aus formalen Gründen, und um mit klaren Vorstellungen zu arbeiten.

Schon die alten Griechen

Man könnte noch weiter zurückgehen, zu den ersten Menschen. Da schon kam der erste Zwist auf. Statt mit Worten zu streiten, »erhob sich Kain wider seinen Bruder Abel und tötete ihn«. Diese Tat machte Schule die ganze Menschheitsgeschichte hindurch: Zahllose Kriege, Stammesfehden und Bluttaten sind Beweis dafür. Man denke nur, ganz abgesehen von den Kriegen, wegen welcher Nichtigkeiten sich auf Island oft ganze Geschlechter gegenseitig ausrotteten. – Im Orient machte man z. T. noch wenigstens den Versuch, mit Worten zu streiten, bevor man zum Schwert griff. Als Mohammed im Jahre 624 der Karawane des Abu Sofjan auflauerte, kam es zunächst zu rhetorischen und poetischen Wettkämpfen, zu aggressiven lyrischen Reden. Als die zu keinem Ergebnis führten, durfte das Schwert sprechen. Immerhin ein Fortschritt. – Heute, im Zeitalter der Atombombe, ist man zu diesem Verfahren, zum Wortstreit, zum Verhandeln gezwungen, wenn man nicht Selbstmord begehen will.

Die Griechen haben das Gespräch zu einem System entwickelt. Vor allem Sokrates, 470–399 v. Chr., gebührt das Verdienst dafür. Er nannte seine Frage- und Antwortmethode »Mäeutik«, Hebammenkunst. Seine Mutter war Hebamme. Sokrates meinte, er selbst sei nicht imstande, Gedanken zu gebären, wohl aber könne er durch sein hinführendes Fragen andern zum Gebären verhelfen und die hohlen Gedankengeburten von den gehaltreichen, die des Aufziehens wert seien, unterscheiden.

Sokrates versuchte, eine allgemeine Wahrheit aus einer Anzahl gleichartiger Einzelfälle abzuleiten. (Das induktive Verfahren.) Diese Einzelheiten müssen dem Schüler gegeben werden oder bekannt sein. Darauf baute Sokrates sein Gedankengebäude auf. Sein Schüler Platon überlieferte uns die Gespräche. Das folgende *Beispiel* stammt aus Platon, Der Staat, VIII/9 (gekürzt).

Wie die Tyrannei entsteht

Gesprächspartner: SOKRATES und Platons Bruder GLAUKON

SOKRATES: Wohlan denn, lieber Freund, wie entsteht die Tyrannei? Doch wohl aus der Demokratie!

GLAUKON: Offenbar.

SOKRATES: Entsteht nun auf dieselbe Weise, wie aus der Oligarchie[1] die Demokratie, auch aus der Demokratie die Tyrannei?

GLAUKON: Wieso?

SOKRATES: Die Oligarchie sah im großen Reichtum ihr höchstes Gut. Und dadurch ist sie auch zustande gekommen. Nicht wahr?

GLAUKON: Ja!

SOKRATES: Die Unersättlichkeit im Reichtum aber und die Vernachlässigung alles übrigen gereichte ihr zum Untergang. –

GLAUKON: Richtig.

SOKRATES: Und die Demokratie, löst nicht auch diese sich auf durch die Unersättlichkeit in dem, was sie sich als Gut vorsetzt?

GLAUKON: Was meinst du aber, daß sie sich vorsetze?

SOKRATES: Die Freiheit. Denn von dieser wirst du immer in einer demokratischen Stadt hören, daß sie das Vortrefflichste sei und daß deshalb auch nur in einer solchen leben dürfe, wer von Natur frei sei.

GLAUKON: Das Wort wird freilich gar oft gesagt.

SOKRATES: Ist es nun etwa nicht die Unersättlichkeit und die Vernachlässigung alles übrigen, was auch diese Verfassung umgestaltet und sie dahin bringt, der Tyrannei zu bedürfen?

GLAUKON: Wie das?

[1] Oligarchie = Herrschaft einer kleinen Gruppe von Männern.

Sokrates – Meister des Gesprächs

SOKRATES: Ich meine, wenn einer demokratischen, nach Freiheit durstigen Stadt schlechte Mundschenken vorstehen und sie sich über die Gebühr an ihrem starken Wein berauscht, so wird sie ihre Obrigkeiten, wenn diese nicht ganz zahm sind und alle Freiheit gewähren, zur Strafe ziehen, indem sie ihnen schuld gibt, bösartig und oligarchisch zu sein.

GLAUKON: Das tun sie wohl.

SOKRATES: Und die den Obrigkeiten gehorchen, mißhandelt sie als knechtisch gesinnte und gar nichts werte. Nur Obrigkeiten, die sich wie Untergebene, und

Untergebene, welche sich wie Obrigkeiten anstellen, werden gelobt und geehrt. Muß nicht in einem solchen Staat die Freiheit sich notwendig überallhin erstrecken, daß am Ende auch dem Vieh die Ungebundenheit eingepflanzt wird?

GLAUKON: Wie ist das wohl gemeint?

SOKRATES: Daß ein Vater sich gewöhnt, dem Knaben ähnlich zu werden und sich vor den erwachsenen Söhnen fürchtet.

GLAUKON: Das geschieht freilich.

– – – –

SOKRATES: Merkst du wohl, wie zart die Seele der Bürger dadurch wird? Diese werden unwillig und können es nicht ertragen, wenn ihnen einer den geringsten Zwang auferlegen will. Um die Gesetze kümmern sie sich gar nicht, damit auf keine Weise irgend jemand ihr Herr sei.

GLAUKON: Jawohl, das weiß ich.

SOKRATES: Diese treffliche und jugendliche Regierungsweise ist es nun eben, aus welcher die Tyrannei hervorwächst. Dieselbe Krankheit, an welcher die Oligarchie zugrunde geht, verknechtet die Demokratie.

GLAUKON: Wahrscheinlich, freilich.

SOKRATES: So kommt denn wahrscheinlich die Tyrannei aus keiner anderen Staatsverfassung zustande als aus der Demokratie, aus der übertriebensten Freiheit die strengste und wildeste Knechtschaft.

GLAUKON: Das hat freilich Grund.

SOKRATES: Die gleiche Krankheit, die in der Oligarchie vorkommt, stürzt die Demokratie in Knechtschaft. Es ist jenes Geschlecht fauler und verschwenderischer Menschen. Die einen führen an, die andern, feigeren, folgen ihnen. Man könnte sie mit Drohnen vergleichen, die einen mit, die andern ohne Stachel. Sie richten Unordnung an in jeder Verfassung, wie im menschlichen Körper. Der Arzt, wie der Gesetzgeber, wie der gute Bienenvater, müssen darauf achten, daß sie nicht hineinkommen. Sind sie aber einmal da, so müssen sie so bald als möglich ausgeschnitten werden. – – –

Auffallend ist, daß Sokrates das Zwiegespräch, den Dialog, in erheblichem Maße selbst führte, den Schüler nur wenig zu Worte kommen ließ. Auffallend auch, daß seine Gespräche sich gegen den Verfall der Sitten, der Kultur, des Staatswesens richteten, den Verfall, der gefördert wurde durch das Wirken der »Sophisten«, die ihre Zuhörer durch lange Vorträge zu betören versuchten, das Gespräch, den Dialog aber vernachlässigten. Im Gespräch sahen Sokrates und Platon den Bildungsvorgang. In der Dialektik, nicht in der Rhetorik.

Bekannt sind die sophistischen Trugschlüsse, die bezweckten, Lüge in Wahrheit umzukehren.

Beispiel: Was du nicht verloren hast, hast du noch;
Hörner hast du nicht verloren, also hast du Hörner!

Das klingt fast so wie der bekannte Schulwitz:

Schüler: Kann man für etwas, was man nicht gemacht hat, bestraft werden?

Lehrer: Natürlich nicht.

Schüler: Herr Lehrer, ich habe meine Hausarbeiten nicht gemacht. –

Die sokratische Methode hat sich, in vielfach abgeänderter und verbesserter Form, bis heute erhalten. Aus dem bloßen Zwiegespräch entwickelten sich Streitgespräche, Disputationen zwischen mehreren Teilnehmern.

Augustinus war ein Meister der disputatio, des wissenschaftlichen Streitgesprächs. Er sah darin ein Mittel zur Feststellung und Abgrenzung der Wahrheit: »Qui enim disputat, verum discernit a falso.« Wer disputiert, unterscheidet das Rechte vom Falschen! –

Die Scholastik kannte zwei Lehrverfahren: die lectio und die disputatio. Höhepunkte des schulischen Lebens waren die Disputationen, die nach strengen Regeln in Rede und Gegenrede stattfanden. Ein Magister als Vorsitzender trug seine Thesen vor, ihm antworteten die andern und begründeten ihre Stellungnahme mit Gegenargumenten und Folgerungen. Disputierübungen gab es auch für die Scholaren, wobei ein Magister oder ein Bakkalaureus (unterster akademischer Grad) den Vorsitz führte.

Für die Behandlung einer These bei der Disputation hatte Thomas von Aquin (1224–1274) folgende Regeln aufgestellt:

1. Fragestellung (Beschreibung des Sachverhalts).
2. Vorläufige Gründe für eine verneinende Antwort.
3. Vorläufige Gründe für eine bejahende Antwort.
4. Unterscheidende Klärung des gesamten Sachverhalts und begründete Beantwortung der Frage.
5. Erwiderung auf die unter 2. und 3. vorgebrachten vorläufigen Gründe und Gegengründe, wobei ihr teilweiser Wahrheitsgehalt herausgeholt und ergänzend in die eigentliche Antwort (4.) eingeordnet wird [1].

Der Philosoph und Pädagoge *Friedrich Paulsen* (1846–1908) urteilt über die mittelalterlichen Streitgespräche: »Die Disputation war gewiß ein vortreffliches Mittel zur Sicherung und Aneignung und zur Übung im Gebrauch des Wissens. Sie war dazu geeignet, die Präsens des Wissens und die Fertigkeit im raschen und sicheren Auffassen fremder Gedanken und ihres Verhältnisses zu den eignen zu steigern. Es wird angenommen werden dürfen, daß in beiden Stücken der mittelalterliche Gelehrte eine Virtuosität besaß, wie sie in der Gegenwart sich nicht leicht findet.« [2]

Das berühmteste Beispiel eines Gelehrtenstreites ist die Disputation zwischen Dr. Martin Luther und Dr. Eck im Jahre 1519 in Leipzig.

[1] Vgl. Joseph H. Pfister, Die Kunst der Diskussion, München 1948, S. 52.
[2] Zitiert nach: M. Grabmann, Die Geschichte der scholastischen Methode, Bd. 1, S. 5, Darmstadt 1956.

Stand in der Scholastik das Wort, der Dialog im Vordergrund, so änderte sich dies durch die Ausbreitung der Buchdruckerkunst insofern, als die Aneignung des Wissens sich stärker auf das Lesen von Büchern verlagerte und das direkte Gespräch etwas zurücktrat. Die scholastischen Disputationen scheinen jedoch in den Debatten an den angelsächsischen Schulen ihre Fortführung gefunden zu haben.
Heute spricht man wenig oder kaum von Disputationen, obwohl es solche vor allem noch auf wissenschaftlichen Tagungen gibt. Im Bereich der schulischen Erziehung haben die Pädagogen besondere Formen des Gesprächs entwickelt und sie verfeinert. Bei uns vor allem im Unterrichtsgespräch. Die Stärke der angelsächsischen Staaten liegt in zahlreichen Formen der Diskussion und der Debatte. Das Leben dort wird in einem Maße von diesen Gesprächsformen durchsetzt, wie wir es uns kaum vorstellen können. Das beweisen die zahlreichen »Debating-Societies« und »Discussion-Clubs« sowie die überraschend hohe Zahl von Veröffentlichungen über Diskussion und Debatte.

Kants kategorischer Imperativ (dritte Fassung) auf den Bereich des Gesprächs angewendet:

»Führe ein Gespräch so, daß du den andern oder dich selbst niemals als Mittel zur Demonstration eigener oder fremder Überlegenheit, sondern stets als potentiellen Partner einer gemeinsamen Suche nach Wahrheit betrachtest.«
(Formulierung von Helmut Fuhrmann, in: Neue Sammlung 3/71, S. 279)

Methodische Vorüberlegungen

Einladung – Raum – Teilnehmerzahl

Große Dinge scheitern oft an Kleinigkeiten! – Wer z. B. eine Diskussion durchführen will, muß bestimmte organisatorische Dinge genau überlegen und rechtzeitig planen.

Da hat jemand bei der Einladung vergessen, wo oder wann die Veranstaltung stattfinden soll. Er hat im Lokal nicht angefragt, ob es für den betreffenden Abend frei ist. Er hat den Teilnehmerkreis nicht richtig abgeschätzt, einen zu großen oder zu kleinen Raum bestellt. All diese Dinge vorauszuschauen und rechtzeitig und genau zu planen, ist Voraussetzung für das Gelingen und entscheidet oft über Erfolg oder Mißerfolg einer Veranstaltung.

Ein kleiner Katalog von Vorbereitungspunkten möge hier folgen: Nehmen wir an, es handelt sich um eine Diskussion in einer Jugendgruppe. Was ist da vorher zu tun?

VORPLANUNG:

Im Vorstand oder in der Gruppe Themenwunsch erfragen.
Diskussionsleiter suchen.
Mit ihm das Thema genau formulieren und das Ziel der Diskussion besprechen.
Die Gruppe inhaltlich auf das Thema vorbereiten durch Literaturhinweise, Aufforderung zum Durchdenken des Themas, zum Erfragen der Meinung anderer. Im Bedarfsfalle Referenten oder Fachleute besorgen.
Diese über die Gruppe und ihre Interessen informieren.
Termin festlegen.
Saal bestellen, richtige Größe.
Den Saal besichtigen, Licht, Lüftung, Akustik prüfen.
Einladungen vorbereiten.

Einladungen verschicken, auch an den Referenten. Eigene Telefonnummer angeben.

Mitteilungen an die Presse.

Im Bedarfsfalle Tafel, Kreide, Lappen, Moltontuch, Filmapparat, Projektor, Leinwand, Verlängerungskabel und Stekker, Tonbandgerät, Mikrofon, Anschauungsmaterial (Bilder, Karten, Dias, Modelle) besorgen.

Protokollführer bestellen.

Am Tage vor der Veranstaltung sich nochmals des Referenten versichern.

Durch eine geschickte Abfassung kann die Einladung selbst wirksam zum Besuch anregen. Sie sollte ansprechen, Interesse wecken. Bitte kein Bürokratendeutsch!

Hier zwei Beispiele, ein weniger gutes und ein besseres:

X-stadt, den 24. 11. 64
Bahnhofstr. 4

Werte Mitglieder!

Ich lade Euch zu der am 27. 11. 64 um 20 Uhr stattfindenden Diskussion über »Unsere Landwirtschaft« im »Hotel zum Löwen« ein. Es spricht eingangs Herr Bauer aus Bonn. Ich bitte um vollzähliges Erscheinen.

Fred Elsner

Diese Einladung hat eine geringe Werbewirkung. Bürokratendeutsch, unpersönlich, nichtssagend, Termin zu kurz.

Ein anderes Beispiel:

X-stadt, den 18. 11. 1964
Bahnhofstr. 4

Liebe Freunde!

Wie schon vor Wochen angekündigt, diskutieren wir am Freitag, dem 27. Nov. 64,
im Hotel zum Löwen, unserem alten Stammlokal, über das Thema:
»Haben unsere kleinen Bauernhöfe noch eine Zukunft?«
Das Eingangsreferat hält ein erfahrener Agrarpolitiker, Herr Wilfried Bauer aus Bonn, Mitarbeiter des Deutschen Bauernverbandes. Stellt Euch jetzt schon auf das Thema ein und überlegt, welche Fragen wir stellen wollen. Und bringt bitte interessierte Gäste mit.

Gruß
Fred Elsner

ps.: Am 27. 11. wird Lutz ein Jahr älter

Persönliche Note, ein gezieltes Thema, klare Formulierung. Das dürfte eher ansprechen. Eine Einladung sollte auch nicht zu lang sein. Entscheidende Dinge hervorheben, damit sie sich besser einprägen.
Der Diskussionsraum soll in seiner Größe der erwarteten Teilnehmerzahl entsprechen. Ein kleiner Saal, dicht gedrängt, ist unangenehm. Er erweckt jedoch den Eindruck eines guten Besuchs. Ein großer Raum mit geringer Beteiligung vermittelt das Gefühl: Na, das ist aber ein kleiner Haufen. – Die erforderliche Raumgröße muß man aus der Erfahrung heraus wählen. Im übrigen ist eine Diskussion keine Vortragsveranstaltung. Man sollte über eine bestimmte Teilnehmerzahl

nicht hinausgehen, es sei denn, man plant eine Podiumsdiskussion.
Für ein Gespräch mit einer beschränkten Teilnehmerzahl stellt man am besten mehrere Tische zusammen. Am Ende der Tischreihe sitzen der Vorsitzende, der Diskussionsleiter und gegebenenfalls der Referent.
Jeder soll jeden sehen! Das ist die günstigste Sitzordnung für eine Diskussion. Hat man die Tische zu einer U-form zusammengestellt, sollten nur die Außensitze belegt werden.
Bei der Wahl des Lokals sollte auch darauf geachtet werden, daß der Lärm von der Straße nicht zu stark ist und daß der Raum belüftet werden kann. Mit Tabakrauch durchsetzte Zimmer sind vor allem für junge Menschen unangenehm und gesundheitsschädlich.

Der Gesprächsleiter

Das muß nicht immer der Vorsitzende sein. Jeder Verein, jeder Club, der ganz von einem Mitglied, hier dem Vorsitzenden, abhängt, ist in seinem Bestand dauernd gefährdet. Wenn der Leiter ausfällt, ist der Verein arbeitsunfähig. Der Vorsitzende muß daher bemüht sein, ein Team zu schaffen, das die anfallenden Führungsaufgaben je nach Eignung oder Neigung unter sich aufteilt.
Der Gesprächsleiter, als Idealfall, müßte alle denkbaren guten Eigenschaften verkörpern. Bleiben wir in der Wirklichkeit und nennen wir nur einige wichtige Voraussetzungen, wünschenswerte Eigenschaften:
Er (oder sie) soll intelligent, geistig beweglich sein. Er muß sprachgewandt sein, Takt besitzen, Ruhe bewahren können. Er muß in der Materie stehen. Das bedeutet nicht unbedingt, daß er auf dem betreffenden Gebiet Fachmann ist, aber er muß sich recht intensiv mit dem Thema vertraut gemacht haben. (Bestimmte Gesprächsformen, z. B. das Stegreifgespräch, lassen Ausnahmen zu.) Er muß Humor besitzen, um

das Gespräch aufzulockern und um möglichen zu harten Kontroversen die Spitze abzubrechen.
Der Gesprächsleiter sorgt für die äußere Ordnung, falls dafür nicht der Vorsitzende zuständig ist. Er achtet auf die gedankliche Ordnung, damit nicht zu stark vom Thema abgewichen wird.

Die Vorbereitung

Recht oft erlebt man Diskussionen, in denen weder der Leiter noch die Teilnehmer sonderlich vorbereitet sind. Die Diskussion erschöpft sich dann mehr oder minder in allgemeinen Redensarten, dringt nicht in die Tiefe und kann auch keine oder nur oberflächliche Ergebnisse erzielen. Man könnte darüber das Wort setzen: Dillettantismus. Eine andere Bezeichnung verdient ein solches Unterfangen nicht.
Diskussionen, Debatten haben nur dann einen nachhaltigen Wert, wenn sie gut, sehr gut vorbereitet werden. Niemals darf sich der Leiter darauf verlassen: »Ach, da ist sicher dieser oder jener, der Bescheid weiß. Ich brauche nur zu fragen und zu lenken!« Das kann mal bei einem einfachen, mitmenschlichen Thema gut gehen. Meist geht es daneben.
Eine gute Vorbereitung bedeutet bereits ein halbes Gelingen!
Nehmen wir an, das Thema einer Diskussion mit Jugendlichen zwischen 16 und 20 Jahren würde lauten: Wie beseitigte Hitler die Demokratie in Deutschland? Das ist ein Thema, das nicht so sehr aus Meinungsverschiedenheiten und Gegensätzen lebt, sondern aus dem geschichtlichen Wissen der Teilnehmer. Dieses Wissen mag aus verschiedenen und vielleicht auch unterschiedlichen Quellen herrühren. Diese Unterschiedlichkeit wird dann ein Motor in der Diskussion.
Nun die Vorbereitung: Solch ein Thema erfordert viel Zeit in der Planung und in der Vorbereitung. Man muß also schon etliche Wochen vorher beginnen. Der Diskussionsleiter muß sich zunächst an Hand der gängigen Geschichtsbücher all-

gemein über die Zeit des Nationalsozialismus informieren. Er muß Literaturverzeichnisse studieren. In diesem Falle würde die »Bücherkunde für die politische Bildung« von Thomas Ellwein, München 1963, gute Dienste leisten. Aus der Fülle der Bücher zu diesem Thema würde ich nennen: Buchheim, Das Dritte Reich; Hofer, Der Nationalsozialismus; Meissner/Wilde, Die Machtergreifung; Bullock, Hitler, eine Studie über Tyrannei; Schumann, Nationalsozialismus und Gewerkschaftsbewegung; Eschenburg-Fraenkel und acht weitere Prof., Der Weg in die Diktatur, München 1963. Die meisten Bücher wird man in den öffentlichen Büchereien ausleihen oder über den »Wissenschaftlichen Buchverleih« bestellen können.

Der Leiter stellt den Teilnehmern eine Liste der geeigneten Literatur zur Verfügung, noch besser, er verteilt diese Bücher an die bei der Diskussion Mitwirkenden und fordert sie auf, sonstiges Material aus Zeitungen, Zeitschriften, Illustrierten (?) zu sammeln, Menschen zu fragen (Interview), die diese Zeit erlebt haben.

Bei einem so umfangreichen Thema wird es nicht möglich sein, daß alle Mitwirkenden alle angebotene Literatur durcharbeiten. Darum empfiehlt sich eine Aufteilung der Bücher oder der Sachgebiete. Dann erst, nach so gründlicher Vorbereitung, kann die Diskussion starten.

Die Amerikaner geben uns ein Beispiel, wie intensiv eine Diskussion vorzubereiten ist. Sie tun es so genau und so ernst, weil sie die Diskussion als »Werkzeug der Demokratie« sehr ernst nehmen.

»The National Conference of Christians and Jews«, New York, gab 1939 eine Broschüre heraus: »How to discuss«. Die Vorschläge sind beispielhaft. Es heißt darin:[1]

> »Sobald du das Thema erfahren hast, stelle dich geistig darauf ein. Wo habe ich darüber schon etwas

[1] Zitiert nach: Bruno Lasker, Democracy Through Discussion, The H. W. Wilson Company, New York, 1949, S. 100.

gehört? – Was habe ich darüber gehört? – Kenne ich jemand, der an dem Problem interessiert ist? – Damit hat die Vorbereitung begonnen.

Bring das Thema ins Gespräch, zu Hause, am Arbeitsplatz, bei andern Zusammenkünften, in der Bücherei, überall, wo es möglich erscheint. Fühle deinen Freunden auf den Zahn, nimm zur Kenntnis, was sie meinen, was ihre Auffassung ist. Wenn du feststellst, daß jemand hartnäckig seine Meinung vertritt, versuche herauszufinden, warum. –

Durchdenke deine Erfahrungen zu dem Thema. Frage dich selbst, ob du eine besondere Erfahrung gemacht hast, die du deiner Gruppe bei der Diskussion vortragen kannst. Falls ja, versuche den Tatbestand zu analysieren. Formuliere in Gedanken, wie du deine Meinung erläutern willst, wenn sich beim nächsten Treffen die Gelegenheit bietet. – Lies alles, was du in den Tageszeitungen zu dem Thema findest. Am besten, du schneidest die Artikel aus und bringst sie zum Gruppenabend mit. Noch besser ist es, wenigstens ein Buch oder eine Broschüre vor der Diskussion zu lesen.

Studiere das Radioprogramm und versuche, dort etwas zu deinem Thema zu finden. Möglich, daß du auf einen entsprechenden Vortrag stößt. Höre ihn an, notiere dir das wichtigste. Laß dir den Wortlaut wichtiger Radiovorträge vor der Diskussion schikken. Die meisten sind zu bekommen, wenn man sich darum bemüht. –

Nachdem du dich mit deinen Freunden über das Thema unterhalten hast, nachdem du die Verfechter ganz bestimmter Meinungen gehört hast, und nachdem du die einschlägige Literatur gelesen hast, versuche, einen klaren Überblick über das Thema insgesamt und über das ›Für und Wider‹ zu gewinnen.«

Wenn jeder, nicht nur der Diskussionsleiter, die Vorbereitung so gewissenhaft betreibt, gewinnt die Diskussion an Wert und an Gewicht.

Die Forderung nach einer guten Vorbereitung darf jedoch nicht dazu verleiten, daß nun die Teilnehmer mit ausgearbeiteten Manuskripten erscheinen. Stichpunkte und Materialsammlungen ja, aber sonst muß in der Diskussion frei gesprochen werden. Darin liegt ja gerade der Reiz, daß impulsiv und aus der Situation heraus Rede und Gegenrede erwachsen.

Der Gesprächsleiter muß sich bei der Planung auch darüber klarwerden, ob er eine freie oder eine gelenkte Diskussion durchführen will. Eine freie Diskussion will geübt sein. Wenn den Teilnehmern die nötige Sprech- und Sachdisziplin mangelt, gleitet sie gar leicht ins Uferlose ab.

Die gelenkte Diskussion darf nicht dazu führen, daß der Leiter den Teilnehmern seine Meinung aufzwingt. Das Lenken darf nur einen formalen Zweck verfolgen, es soll ein Abgleiten vom Thema verhindern. Um die Teilnehmer nicht vor den Kopf zu stoßen, erbittet der Leiter die Zustimmung der Teilnehmer zum beabsichtigten Verfahren.

In vielen Fällen empfielt es sich, die Diskussion auf Tonband aufzunehmen. Das Mikrofon auf dem Tisch zwingt alle Sprecher zu einer strengen Selbstdisziplin. Das Gerät sollte jedoch nur mit Zustimmung aller beteiligten Personen eingeschaltet werden.

Die Gesprächsführung

Erfahrene Redner beginnen ihren Vortrag oft mit einem »Bonmot«, einem Witz, einer heiteren Bemerkung. Damit haben sie die Zuhörer schon gewonnen. Das sollte man als Diskussionsleiter auch tun. Man glaube ja nicht, daß jene Redner den Witz aus dem Ärmel schütteln. Das trifft nur in den seltensten Fällen zu. In der Regel überlegt sich der Vortragende genau, womit er beginnen soll, um die Zuhörer zu gewinnen. Ein Witz im Vortrag ist also meist ein sehr wohl überlegter Teil der Rede. Ein Witz zu Beginn der Diskussion schafft eine gelockerte Stimmung. Der Gesprächsleiter muß ihn parat haben.

Keineswegs beginne der Leiter mit dem Bedauern, daß nur so wenige erschienen seien, obwohl er doch so viele eingeladen habe. Das wirkt peinlich und ändert nichts an dem Sachverhalt: »Ich freue mich, daß Sie gekommen sind und danke Ihnen dafür!« Diese Begrüßung kommt immer an.

Ein Beispiel, wie es nicht gemacht werden soll:

Ein sehr rühriger Versammlungsleiter hatte rund vierhundert Lehrer zu einer staatspolitischen Veranstaltung in die Kreisstadt schriftlich eingeladen. Nur fünfzig erschienen. Der Leiter bedauerte bei der Eröffnung, daß so wenige gekommen seien. Damit kam er schlecht an. In der Diskussion wurde der leise Vorwurf recht unwillig zurückgewiesen. Schließlich kam der Einwurf: »Wenn Sie vor Pädagogen den pädagogischen Zeigefinger erheben, brauchen Sie sich über diese Reaktion nicht zu wundern!«

Auf den pädagogischen Zeigefinger reagieren nicht nur die Pädagogen sauer.

Der Diskussionsleiter darf nicht zu viel sprechen. Führt er selbst durch ein Kurzreferat ein, dann soll er wirklich beim »Kurzreferat« bleiben. Auch wenn er sich mehrfach entschuldigt, daß er nun länger spricht als vorgesehen, innerlich nimmt es ihm keiner ab. Die Teilnehmer wollen diskutieren und nicht nur die Weisheiten des Leiters hören.

Natürlich muß der Vorsitzende zu Beginn der Veranstaltung alle (durch Handschlag) begrüßen und Gäste dem Kreis vorstellen.

Ob eine Diskussion in Gang kommt, hängt entscheidend vom Gesprächsleiter ab. Langatmige Erklärungen, selbstverständliche Feststellungen schläfern ein.

EINIGE REGELN FÜR DIE GESPRÄCHSFÜHRUNG:

a Stelle Fragen. Kommt das Gespräch nicht bald in Gang, formuliere die Fragen gewagt, daß sofort Widerspruch kommt, und schon bist du im besten Streitgespräch.

b Gib selbst keine Antwort, oder nur dann, wenn wirklich sonst keiner sie weiß.

c Sprich und frage so, daß alle dich verstehen können. Wer zu viele Fremdwörter in seine Rede einflicht, ist noch lange nicht gelehrt oder gar gebildet.

d Werden zu einem Punkte verschiedene Meinungen erkennbar, dann stelle sie gegenüber. Versuche, die schwachen Stellen der verschiedenen Standpunkte herauszuarbeiten.

e Betone das Gemeinsame, das beide Auffassungen verbindet.

f Achte darauf, daß nicht zu weit vom Thema abgewichen wird. Eine witzige Bemerkung wird dabei am ehesten beachtet und führt zum Gegenstand zurück.

g Schaue gelegentlich auf die Uhr. Eine Diskussion sollte nicht länger als zwei Stunden dauern. Dann muß man am Ziele sein.

h Unterbinde taktvoll störende Zwiegespräche. Das läßt sich auf verschiedene Weise erreichen. Das einfachste Verfahren: Eine Weile warten und zu den privaten Sprechern betont hinschauen. In hartnäckigen Fällen hilft das nicht, dann muß man schon den Namen nennen: »Gerhard wollte noch etwas sagen!« Oder: »Wir müssen noch warten, bis Horst und Elsbeth ihr Gespräch beendet haben!« – Das natürlich in einem humorvollen Tone.

i Ermuntere auch die stillen Teilnehmer zum Mitwirken: »Letztens hat Rudi zu diesem Thema etwas sehr Vernünftiges gesagt. Wie war das nur?« Oder: »Mir scheint, was Lutz dazu gesagt hat, ist besonders bemerkenswert!«

j Es gibt immer Leute, die zu allem das Wort ergreifen wollen. Die mußt du bremsen. Am besten, du führst eine »Rednerliste«. Da geht es schön der Reihe nach. Doch sollte diese Liste nicht absolut verbindlich sein. Wenn jemand zu der gerade behandelten speziellen Angelegenheit Stellung nehmen will, soll er durchaus zu Worte kommen. Das fördert den Fluß der Unterhaltung.

k Persönliche Angriffe oder gar Beleidigungen darfst du nicht dulden. Am besten geht es mit Humor: »Ich schlage vor, Ihr beiden geht mal für ein paar Minuten raus!« Oder: »Ich habe doch wirklich vergessen, die Boxhandschuhe mitzubringen!« Oder: »Kindlein, liebet einander!«

l Hast du etwas nicht begriffen oder hat ein Teilnehmer sich sehr unklar ausgedrückt, sag es ihm durch die Blume: »Wenn ich Dich (Sie) recht verstanden habe, ...« Oder: »Mir scheint das sehr wichtig. Vielleicht lassen wir uns das nochmals erklären.«

Das Ziel des Gesprächs

Jedes bewußt geführte Gespräch, jede Diskussion, jede Debatte sollen zu einem Ergebnis führen. In der Aussprache werden die verschiedensten Meinungen deutlich. Jeder Teilnehmer lernt vom andern und berichtigt seine Auffassung nach dem, was er vernommen hat.

Das Ziel der Aussprache kann also die Klärung einer strittigen Frage sein. Je nach der Themastellung kann auch ein gemeinsamer Standpunkt erarbeitet werden, wobei das Ergebnis oft in einen Kompromiß mündet.

Hat die Gruppe sich irgendeine Aufgabe (kultureller, politischer, religiöser, sportlicher oder sozialer Art) gestellt, so dient die Diskussion der Erarbeitung des zu beschreitenden Weges. In vielen Fällen ist das Ergebnis nichts weiter als eine Zusammenfassung des Gesprächs und die vorherrschende Meinung. Der Diskussionsleiter kann die Zustimmung zu dieser seiner Zusammenfassung oder Formulierung erbitten, oder er kann die Formulierung dem Teilnehmerkreis überlassen.

Liegt der Diskussion eine publizistische Absicht zugrunde, wird am Ende des Gesprächs in der Regel eine »Entschließung« stehen. Diese erscheint dann als Meinung der Gruppe in den Zeitungen. Vor allem politische Gruppen setzen sich dieses Ziel und verfahren danach.

Oft ist eine Abstimmung erforderlich. Dabei sollte man sich parlamentarischer Sitte bedienen. Offene Abstimmungen erfolgen durch Handzeichen oder durch Aufstehen: Wer ist dafür? Wer dagegen? Stimmenthaltung? Verlangt jemand geheime Abstimmung, so ist dem stattzugeben.

Liegen mehrere Anträge zum gleichen Punkt vor, muß über alle Anträge abgestimmt werden. Hier ist es üblich, zuerst über den »weiterreichenden Antrag« abzustimmen. Beispiel:

Thema: Alkohol am Steuer

1. Antrag: Wer mit 0,8 p. m. ein Kraftfahrzeug fährt, sollte mit Führerscheinentzug bestraft werden.
2. Antrag: Wer mit 0,8 p. m. ein Kraftfahrzeug fährt, sollte den Führerschein verlieren und eine Freiheitsstrafe erhalten.

Der 2. Antrag reicht weiter. Über ihn sollte zuerst abgestimmt werden.

Das schönste Ergebnis zeitigt eine Diskussion, wenn sich, bei entsprechenden Themen, an die Entschließung die praktische Verwirklichung anschließt.

Die Grundform: das Rundgespräch

Den *Esel* kennt man an den Ohren,
Am Angesicht den *Mohren*
Und an den Worten den *Toren*.

SPRICHWORT

Wenn man vom Zwiegespräch, das z. B. Sokrates bevorzugte, absieht, so ist das Rundgespräch die Grundform des Gesprächs. Die Teilnehmer – es können drei, aber auch dreißig sein, ein Klub, ein Verein, eine Arbeitsgemeinschaft – sitzen entweder um einen Tisch oder im Kreise in einer Stuhlrunde.

Jeder kann jeden sehen! Dies ist ein großer Vorteil. Alle Teilnehmer haben das Gefühl, gleichberechtigte Glieder in der Runde zu sein, ja, diesem Kreis irgendwie verpflichtet zu sein.

Der große Jenaer Pädagoge *Peter Petersen* sagt in seiner »Führungslehre des Unterrichts: »Der Kreis macht jeden einzelnen Schüler wunderbar frei vor dem andern und bereit, sich ihm zu öffnen!« Das ist wohl der entscheidende Gewinn.

Das Gespräch verläuft meist in einem ungezwungenen, persönlichen Tone. Je geringer die Teilnehmerzahl, desto zwangloser das Gespräch. Der kleine Kreis erlaubt kein »Gegeneinander«. Wenn sich drei, vier Menschen unterhalten, wenn sie bewußt ein Ziel ansteuern, dann ist dies mehr ein gemeinschaftliches Zusammentragen als eine Auseinandersetzung. Die kleine Zahl schafft eine Atmosphäre der Gemeinsamkeit oder gar der Verbundenheit in einem Maße, wie dies in einem großen Kreise kaum möglich erscheint. Doch darf ein solches Gespräch nicht in eine planlose Unterhaltung, ein Gerede oder gar in einen Klatsch ausarten.

Ist der Kreis größer, in der Zusammensetzung differenzierter oder bunter, dann muß der Leiter stärker in Erscheinung treten und straffer führen. Keinesfalls darf er die Zügel schleifen lassen. Auch für das Rundgespräch gelten die Regeln, die wir in den vorigen Kapiteln erarbeitet haben.

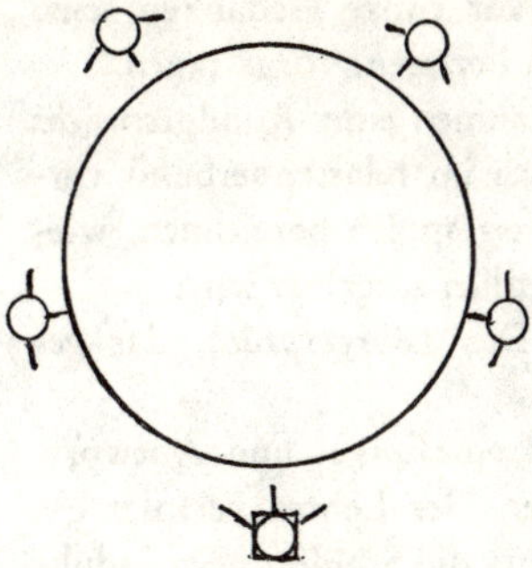

Rundgespräch

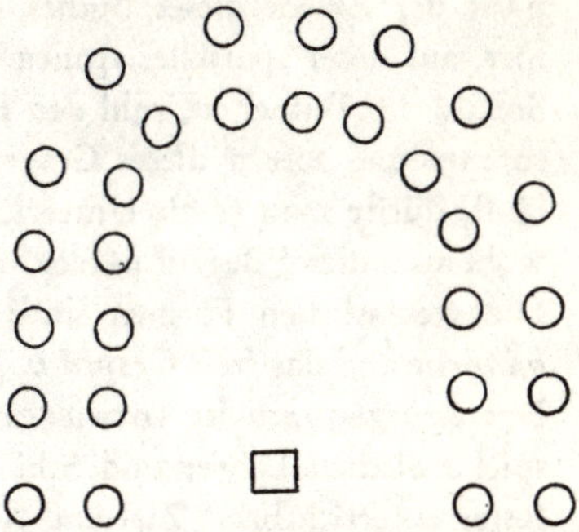

Unterrichtsgespräch

Das Unterrichtsgespräch

Für den Pädagogen verbinden sich mit diesem Wort vor allem Namen wie Hugo Gaudig, Berthold Otto, Otto Scheibner und Lotte Müller. Es würde zu weit führen, dieses Thema hier auch nur annähernd gründlich darzustellen. Das ist auch nicht der Zweck dieses Buches. Nur einige Gedanken seien hier, auf unser spezielles Anliegen bezogen, vorgetragen.

Sobald die Teilnehmerzahl den Rahmen eines Rundgesprächs sprengt und sofern dieses Gespräch im Klassenverband verläuft, dürfte man es als Unterrichtsgespräch bezeichnen, wiewohl auch dieser Begriff unterschiedlich ausgelegt wird.

Die wesentlichen Formen sind: Das *Lehrgespräch,* das *gebundene* und das *freie Gespräch.*

Das *Lehrgespräch* ist vorwiegend ein Frage- und Antwortspiel zwischen Lehrer und Schüler. Der Lehrer verfolgt ein festes unterrichtliches Ziel und führt die Schüler meist induktiv durch Darlegungen, logische Schritte, Fragen und Impulse zum gesetzten Stundenziel. Besonders deutlich wird das bei der Erarbeitung eines mathematischen Lehrsatzes. Der Lehrer kann ihn, ohne Mitarbeit der Schüler, an der Wandtafel recht schnell vortragen, er kann ihn aber auch unter Mitwirkung der Schüler »entwickeln«. Im zweiten Falle ist der geistige Gewinn viel größer. Doch steht im Lehrgespräch die Lehrerarbeit im Vordergrund.

Nicht entwickeln kann der Lehrer im Wechselgespräch z. B. eine geschichtliche Begebenheit. Die muß er erst selbst darbieten oder in geeigneter Form vermitteln, bevor die Klasse darüber diskutieren kann. Ist dies geschehen, muß der Lehrer vom Thema oder von andern Gesichtspunkten her (Stundenziel, Stoff, vorhandene Zeit, Fähigkeit der Klasse) entscheiden, ob er ein gebundenes oder ein freies Gespräch führen will.

Stand im Lehrgespräch die Lehrerarbeit im Vordergrund, ist es beim freien oder gebundenen Gespräch die Schülerarbeit,

Das Gespräch

ja, der Schüler selbst. Es geht meist vom Ganzen aus, es ist analytisch, deduktiv.

Ein Gespräch kommt am sichersten in Gang, wenn es dem Lehrer gelingt, eine *gesprächweckende Situation*[1] auszunützen oder zu schaffen. Ein plötzlich auftretendes oder konstruiertes Problem, eine aktuelle Begebenheit, ein Film, ein Buch können Grundlage für ein Gespräch sein oder es auslösen.

Die Bezeichnungen *freies* oder *gebundenes* Unterrichtsgespräch sind nicht völlig eindeutig. Sie sollten, nach neuester Sicht, nicht in der Gegenüberstellung »frei« oder »gelenkt« begriffen werden, denn jedes Unterrichtsgespräch bedarf der Führung, wenn es nicht zum Geschwätz ausarten soll. Die Begriffe zielen vielmehr auf die unterschiedliche Bindung an das Thema oder den normalen Unterricht. Die Stellung des Lehrers als Gesprächsleiters bleibt bei den Bezeichnungen »frei« oder »gebunden« außer Betracht.

Das *gebundene* Gespräch wird also durch eine enge Bindung an das meist vom Lehrer gegebene Thema gekennzeichnet. Es

[1] Ich fand diesen ungemein treffenden Ausdruck in dem Beitrag von Dr. Walter Reichert in dem Buche: Das Unterrichtsgespräch, herausgegeben von Ludwig Joost, Braunschweig, 1951, S. 34.

ist geplanter Unterricht. Die Fragen bewegen sich in einem abgegrenzten Spielraum. Das Gespräch ist »thematisch gebunden«. »Gestern las ich in der Zeitung, daß zwei Jungen, die als Anhalter reisten, überfallen und ausgeraubt wurden. Wir wollen jetzt über das Trampen und über die damit verbundenen Gefahren sprechen.« Damit hat der Lehrer den Rahmen für das Gespräch abgesteckt. Jeder hat sich daran zu halten. Meist macht sich der Gesprächsleiter Gedanken über den möglichen Verlauf des Gesprächs. Er notiert sich Gesichtspunkte, die dann den Leitfaden für die Stunde abgeben.

Diese Form des Gesprächs wird heute mit Vorliebe gepflegt, weil sie ein Höchstmaß an Zeitgewinn bedeutet und am sichersten zu einem Ergebnis führt.

Manche Pädagogen sehen im *freien* Unterrichtsgespräch die Höchstform. (Frei = thematisch frei.) Im gemeinsamen Gespräch werden frei gestellte Fragen z. T. aus Sachgebieten, die in keinem Zusammenhang mit dem jeweiligen Unterricht stehen, beantwortet. Die eine Frage kann den Flugzeugbau betreffen, die andere das Wesen Gottes. Gaudig bezeichnet diese Form des Gesprächs als »Handeln aus eigenem Antrieb, mit eigenen Kräften, auf selbstgewählten Bahnen, zu frei gewählten Zielen«.

Das »freie« Unterrichtsgespräch hat, nach entsprechender Vorübung, einen hohen gemeinschaftsbildenden Wert. Selbsttätigkeit und Selbständigkeit des Schülers können sich frei entfalten.

Andererseits kann bei solch einem Gespräch viel Zeit verlorengehen. Die Gefahr, daß aus dem Gespräch ein Geschwätz wird, ist besonders groß[1].

[1] Vergleiche zum Thema »Unterrichtsgespräch« vor allem: Heinz Fischer, Das freie Unterrichtsgespräch, Braunschweig 1955; Lutz Rössner, Gespräch, Diskussion und Debatte im Unterricht der Grund- und Hauptschule, Frankfurt 1967; Hans Schorer, Das Gespräch in der Schule, Frankfurt 1962; Ernst Höller, Zur Theorie und Praxis des Schülergesprächs, Wien 1970.

Die allgemeine Diskussion

Wir sagten bereits, daß die Diskussion sich vom Gespräch dadurch unterscheidet, daß der Teilnehmerkreis größer sein »kann«, daß das Thema problematischer und vor allem, daß die »Temperatur« bei der Diskussion höher liegt als beim Gespräch.

Es gibt verschiedene Formen. Zunächst soll uns die allgemeine Diskussion beschäftigen, bei der alle Anwesenden teilnehmen. Es bedarf keiner Erklärung, daß die Zahl der Teilnehmer nicht unbeschränkt sein darf. Ich würde bei sechzig das Maximum setzen. Mit zwanzig bis dreißig läßt sich natürlich besser diskutieren.

Man kann, ähnlich wie beim Gespräch, von einer freien und von einer gelenkten Diskussion sprechen. Die Überlegungen brauchen nicht wiederholt zu werden, sie gelten auch hier. Doch kommt der Lenkung in der Diskussion eine noch größere Bedeutung zu, weil man damit weit sicherer zum Ziele kommt.

Die Diskussion – es geht lebhafter zu

Ein allgemein verbindliches Schema einer unauffällig gelenkten Diskussion kann nicht aufgestellt werden. Es richtet sich nach dem Gegenstand, hängt vom Thema ab. Doch dürfte folgender Gedankengang in vielen Fällen anwendbar sein:

1. Es werden die Tatsachen, der Streitfall, der Sachverhalt, das Problem herausgestellt und deutlich gemacht.
   Frage: Wie ist die Lage?
2. Dieser Sachverhalt wird untersucht, analysiert, die Gründe für den Zustand, das Verhalten, den Streit werden gesucht.
   Frage: Wo liegen die Gründe?
3. Es werden Vorschläge für eine Lösung gesucht und gemacht.
   Frage: Was kann man tun?
4. Die Vorschläge werden verglichen, geprüft, die endgültige Lösung wird gefunden.
   Frage: Worauf einigen wir uns? Wie heißt die Lösung?

Dieses Schema gilt vor allem für mitmenschliche und problematische Themen. Sachthemen wird man nach anderen Gesichtspunkten diskutieren. Jeder Diskussion geht eine Einführung voraus, die das Problem kurz aufreißt und damit das Interesse auf den Gegenstand richtet. Sind Anfänger mit bei der Partie, so ist ihnen Methode und Sinn der Diskussion zu erklären. Dann wird, um das obige Schema zu erläutern, eine Bestandsaufnahme gemacht: Die Teilnehmer können ihre Beobachtungen, Erfahrungen und Feststellungen zum Sachverhalt, zur Situation vortragen. Dieser Schritt ist nicht unwichtig, weil er, von vielen beobachtet, die Voraussetzung für den zweiten darstellt: Die Gruppe befaßt sich dann mit den Gründen für den Zustand, für den Mißstand. Dabei werden schon recht unterschiedliche Meinungen auftreten. Die Diagnose wird selten einheitlich ausfallen. Die Meinungen prallen hier oft scharf aufeinander. Man denke nur an ein Thema, wie: *Sind die schlechten Filme an der Verwahrlosung unserer Jugend schuld?*

Damit werden – im dritten Schritt – auch die Vorschläge für die Lösung verschieden geartet sein. Sie müssen gegeneinander abgewogen werden. Das ist das Stadium, in dem jeder einzelne seine Meinung an denen der andern schärfen und korrigieren kann und muß. Jeder sieht das Problem von seiner Sicht her. Er muß aber im Prinzip die Grundhaltung vertreten, daß sein Vorschlag nicht der richtige sein »muß«. Andernfalls würde sich jede Diskussion erübrigen.

Im vierten Schritt wird schließlich die beste Lösung gesucht und angenommen. Gegebenenfalls muß die Mehrheit entscheiden. Diese Lösung hat alle in der Diskussion vorgebrachten Argumente und Gesichtspunkte zu berücksichtigen. In den meisten Fällen stellt sie einen Kompromiß dar, oft überzeugt aber auch der Vorschlag eines Teilnehmers, dem sich die Gruppe aus Überzeugung anschließt.

Vergleicht man die Diskussion mit der Arbeit einer Gruppe von Ärzten an einem Patienten, dann ergeben sich folgende Stufen:

1. Beobachtung und Untersuchung.
2. Diagnosen.
3. Vorschläge für die Heilbehandlung.
4. Entscheidung über das beste Heilverfahren.

Dieses Schema dürfte allen, die sich mit dem Problem »Diskussion« befaßt haben, einleuchten. Die Schwierigkeit liegt aber in der Wirklichkeit, vor allem für Anfänger: Ist es nicht ein Eingriff in die persönliche Freiheit, wenn der Diskussionsleiter bittet, nach dieser Ordnung zu verfahren. Es ist doch so viel leichter, munter drauflos zu reden und gleich zu Beginn die eigene »absolut richtige« Lösung zu präsentieren, ehe einem ein anderer zuvorkommt!

Nun, keine Freiheit ohne Bindung. »Wirklich frei ist nur der, der sich frei und aufrecht unter das Gesetz stellt« (Kolping). Das gilt auch bei der Diskussion. Wer einige mitgemacht hat, der weiß um den Wert einer gedanklichen Ordnung. Je heißer das Problem, desto zwingender die Forderung nach

Disziplin und planvollem Vorgehen. Das schließt nicht aus, daß der Leiter auch gedankliche Seitensprünge erlaubt, wenn sie geeignet erscheinen, die Diskussion anzuheizen.
Es gehören Takt, Geduld und Geschicklichkeit dazu, hartnäckige Vertreter einer abseitigen Ansicht zu überzeugen, damit sie sich der erarbeiteten Lösung des Problems aus Einsicht anschließen.
Hier wird wieder deutlich: Die Diskussion ist Werkzeug und Lebensform der Demokratie. Eine ehrliche Diskussion ist eigentlich auch nur unter Demokraten möglich. Sie hat dann ihren vollen Zweck erfüllt, wenn die Lösung des Problems erreicht wurde. Sie war nicht nutzlos, wenn das nicht gelang, wenn aber die Teilnehmer feststellen: Wir sind ein Stück weitergekommen, wir haben etwas dazugelernt, wir sind an Erfahrungen reicher geworden.

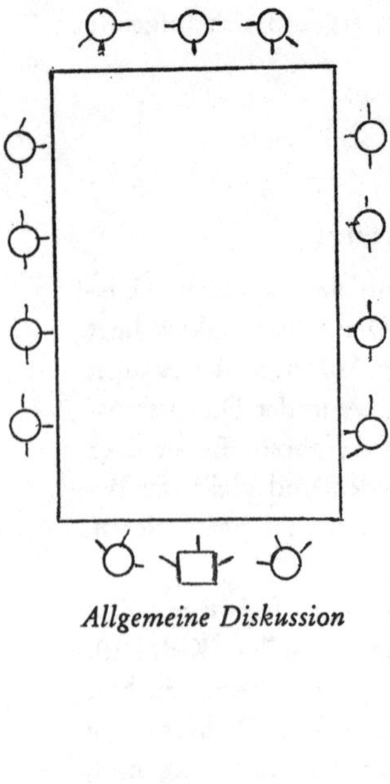

Allgemeine Diskussion

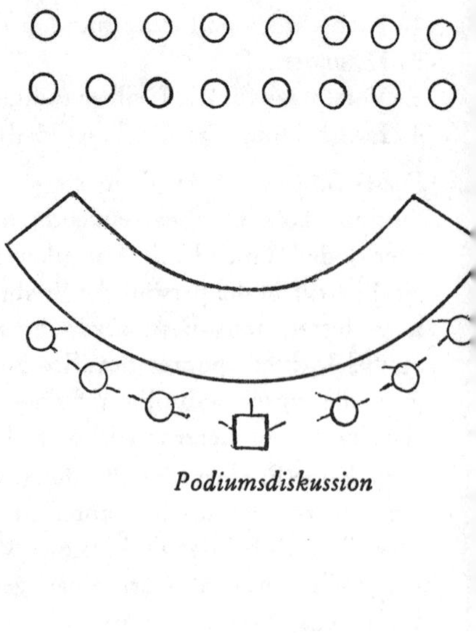

Podiumsdiskussion

Die Podiumsdiskussion

Zunächst: Was im vorigen Kapitel gesagt wurde, gilt hier uneingeschränkt. Der Name sagt es: Es wird auf einem Podium, einem erhöhten Podest oder einfach in einem Halbkreis vor einer Zuhörerschaft diskutiert. Die Zahl der Teilnehmer muß beschränkt bleiben. Vier bis acht können es sein. Sie sitzen so, daß die Zuhörer sie alle sehen können. Vom Fernsehen ist diese Form allgemein bekannt.

Die Diskutierenden sind *nicht* unter sich. Das schafft eine besondere Atmosphäre, nicht unähnlich der im Theater. Jeder Sprecher fühlt sich beobachtet. Er muß viel stärker und intensiver mitdenken und den Gesprächsverlauf verfolgen. Was der einzelne sagt, unterliegt der Kritik nicht nur der Teilnehmer am Gespräch, sondern auch aller Zuhörer.

In der Regel wird solch eine Diskussion durch eine kurze Einführung des Leiters eröffnet. Dieser muß sich mit den Gesprächsteilnehmern über das Thema und das beabsichtigte Verfahren in etwa abgesprochen haben. Er kann und soll natürlich nicht das Ergebnis schon vorher geplant haben. Dieses ist, wenn die Diskussion echt ist, absolut offen.

Meist findet eine solche Podiumsdiskussion aus zwei Gründen statt:

1. Eine schwierige Frage soll von Experten vor einer größeren interessierten Zuhörerschaft erörtert werden.
2. Die Zahl der Interessenten ist so groß, daß eine ersprießliche Diskussion nicht möglich ist. Deshalb diskutieren nur einige ausgewählte Vertreter.

Die Expertendiskussion hat viel für sich. Die Fachleute bieten die Gewähr dafür, daß das Thema »fachmännisch« untersucht wird. Die Amerikaner sagen: *Let us throw half a dozen lions into a single cage and see what happens!«* (Wir wollen ein halbes Dutzend Löwen in einen Käfig sperren und sehen, was geschieht!) Der »Vorteil« der Fachleute kann dazu führen, daß es eine reine Fachsimpelei wird, die für die Laien unverständlich und langweilig wirkt. Dem kann man begegnen, indem man der Runde einige Laien als Unwissende und Frager beifügt. Eine Mischung von Spezialisten und »Normalbürgern« erscheint bei der Podiumsdiskussion am geeignetsten.

Am Schluß der Podiumsdiskussion sollte der Leiter auch Wortmeldungen aus dem Zuhörerkreis zulassen. Es ist durchaus möglich, daß hierbei noch etwas Wesentliches gesagt wird. Danach formuliert der Leiter das Ergebnis des Gesprächs.

Ob der Leiter Zurufe, Beifalls- oder Mißfallenskundgebungen gestattet, hängt von der ganzen Atmosphäre ab. Beifall beflügelt den Gedankenflug und macht die Sache interessanter. Kritik bewirkt das gleiche. Der Leiter hat nur darauf zu achten, daß die Diskussion auf dem Podium nicht durch zu zahlreiche und dem Charakter nach störende Zurufe beeinträchtigt oder zerrissen wird.

Eine Podiumsdiskussion kann auch den *umgekehrten Weg* einschlagen: Zunächst tauschen die Zuhörer ihre Erfahrungen und Meinungen in einer allgemeinen Diskussion aus, daran anschließend und darauf aufbauend diskutiert ein ausgewählter Kreis auf dem Podium. Dies Verfahren bewährt sich dann, wenn es darum geht, zunächst die allgemeine Meinung zu erfahren.

Heißt das Thema: Haben unsere Kinder zu viel Freizeit?, empfiehlt es sich, die Eltern allgemein zu hören. Dann erst diskutiert ein Kreis von Sachverständigen vor der Versammlung.

Die Stegreifdiskussion

Bisher haben wir immer mit Nachdruck herausgestellt, wie wichtig eine planmäßige und gründliche Vorbereitung der Diskussion erscheint. Doch gibt es eine Ausnahme: Die Stegreifdiskussion. Genau genommen muß man dabei auch vorbereitet sein, aber langfristig. Man muß über Wissen und Fertigkeiten verfügen, sie aus dem Ärmel schütteln können. Der Vorgang ist folgender:

Der Leiter hat sich einige Themen ausgedacht und aufgeschrieben. Vier bis fünf Personen (Schüler) werden nach vorn oder auf das Podium gebeten, ihnen wird das Thema gestellt, über das sie nun fünf Minuten diskutieren sollen. Dann erhalten sie das nächste, und nach weiteren fünf Minuten das dritte Thema. Der Leiter stellt jeweils das Ergebnis der Diskussion in ein paar Sätzen heraus. Am Schluß können die Zuhörer zu Worte kommen, oder es wird abgestimmt, wer am besten diskutiert hat. Zur Erleichterung kann der Leiter die Aufgaben jeweils schriftlich stellen.

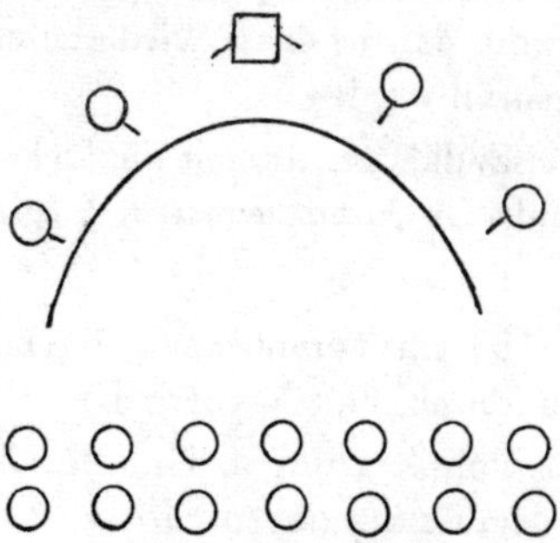

Stegreifdiskussion

Zu den bisherigen Impulsen einer Diskussion kommt hier noch das Überraschungsmoment hinzu. Die Spannung ist weit größer. Das Verfahren hat eine gewisse Ähnlichkeit mit dem »Ballonspiel«:

> »Einer muß sich opfern.« Vier Mann befinden sich in der Gondel eines Luftballons über dem Weltmeer. Ein Orkan drückt das Luftfahrzeug dicht über die Wellen. Aller Ballast wurde schon abgeworfen, aber der Ballon steigt nicht. Es gibt nur noch eine Lösung: Einer muß sich opfern und über Bord gehen. Wer soll das sein?
>
> Jeder der vier muß in überzeugender Rede oder in einer Diskussion beweisen, daß er für die Menschheit unersetzlich ist und er sich deshalb nicht opfern dürfe. – Besonders reizvoll wird dieses Spiel, wenn die Ballonfahrer Personen der Zeitgeschichte darstellen, z. B. Erhard, de Gaulle, Chruschtschow und Johnson. In der Schule kann man auch einige Lehrer imitieren[1].

Die Stegreifdiskussion bewährt sich vor allem auch in den Schulen, im Klassenverband. Sie kann dort eine zusätzliche Aufgabe übernehmen, nämlich die der Wiederholung und Vertiefung. Eine außerordentlich interessante Variante auf diesem Gebiet. Die Schüler sind begeistert bei der Sache und empfinden gar nicht, daß sie dabei Wiederholung treiben und eventuell auch geprüft werden.

In einer 9. Mittelschulklasse, also mit Fünfzehnjährigen, wurden z. B. folgende Geschichtsthemen in Stegreifdiskussionen vertieft:

1. War Cäsars Tod ein Tyrannenmord? (Dabei wurde der gesamte Geschichtsabschnitt wiederholt)
2. Gereichte die Politik Ottos d. Gr., Bischöfe als Fürsten einzusetzen, dem Reich zum Vorteil?

[1] Vergleiche H. Kallmeyer, Spiele im Haus, Wolfenbüttel, 1955, S. 31.

3. War Heinrichs IV. Gang nach Canossa ein Ausdruck der Schwäche oder der Berechnung?
4. War die Französische Revolution ein Fortschritt für die Menschheit?
5. Hatte der Protest der »Göttinger Sieben« einen Sinn?
6. Hättest du dich 1848 für die kleindeutsche oder die großdeutsche Lösung entschieden?

In einer 10. Klasse:

1. War die Politik Bismarcks in der Sicht von heute richtig?
2. War es klug, daß Lenin im plombierten Wagen nach Petersburg gebracht wurde?
3. Konnte der erste Weltkrieg verhindert werden?
4. Trifft es zu, daß die »Weimarer Republik« an einem Übermaß von Freiheit scheiterte?

Die folgenden Themenbeispiele enthalten weniger Sprengstoff und lösten eine Sachdiskussion, die mehr den Charakter eines Gesprächs annahm, aus:

1. Welche wirtschaftlichen und politischen Folgen hatten die Kreuzzüge?
2. Welche Folgen hatte die Erfindung der Buchdruckerkunst?
3. Was war die Folge der Entdeckung Amerikas?
4. Welche Auswirkungen hatte die Italienpolitik der Staufen?
5. Was lehren uns die Kartenbilder von 1250 und 1555?
6. Vergleiche Ludwig XIV. und König Friedrich II.
7. Wie hat sich die Machtpolitik Napoleons I. auf das Staatenbild Europas ausgewirkt?

Besonders geeignet für Stegreifdiskussionen erscheinen Themen des mitmenschlichen Zusammenlebens, des aktuellen Geschehens. Hier einige Beispiele:

1. Ist es schlimm, wenn ich mit fünfzehn Jahren in einen Film, der erst ab sechzehn freigegeben ist, gehe?
2. Sollen Jungen und Mädchen schon mit vierzehn Jahren die Tanzstunde besuchen?
3. Ist das Kameradschaft, wenn man dem Nachbarn in der Schule vorsagt?

4. Darf ich meine Mutter belügen, wenn ich eine Stunde länger ausbleiben will?
5. Was interessiert mich die Zeitung?

Die letzten Themen betreffen nicht Wissen, sondern zielen auf Meinungsbildung, Wertung und Entscheidung. Sie finden bei der Jugend lebhaften Anklang.

Man braucht durchaus nicht an einem Schema zu kleben. Statt drei Themen von einer Gruppe diskutieren zu lassen, kann man natürlich auch bei jedem Thema die Mannschaft wechseln, damit möglichst viele zum Sprechen kommen. Aus Erfahrung kann ich sagen: Sobald sich das Verfahren an einer Schule, in einer Gemeinschaft eingebürgert hat, wird es immer wieder gern geübt.

Die »Methode 66«

Eine weitere Möglichkeit, einen großen Personenkreis oder dessen Vertreter diskutieren zu lassen, ist die in Amerika entwickelte »Methode 66«[1]. In Deutschland ist sie vor allem in Schwalbach publik gemacht worden.

Es werden sechs Gruppen zu je sechs Teilnehmern gebildet. Die einzelnen Gruppen sitzen an besonderen Tischen, so weit voneinander, daß sie sich nicht gegenseitig stören. Jedem Tisch wird ein Thema oder eine Teilaufgabe gestellt. Diskussionszeit fünf bis zehn Minuten. Die Gruppenleiter werden dann aufgefordert, über die Ergebnisse zu berichten. Die Zahl der Gruppen kann natürlich auch geringer, ihre Zusammenstellung auch anders sein. Bei der Zusammenstellung wird man auf die besonderen Fähigkeiten oder Neigungen der einzelnen Teilnehmer Rücksicht nehmen.

Diese Gruppendiskussionen können am Anfang einer Veranstaltung stehen, meist werden sie sich jedoch an ein Referat anschließen. Allen Gruppen kann das gleiche Thema gestellt

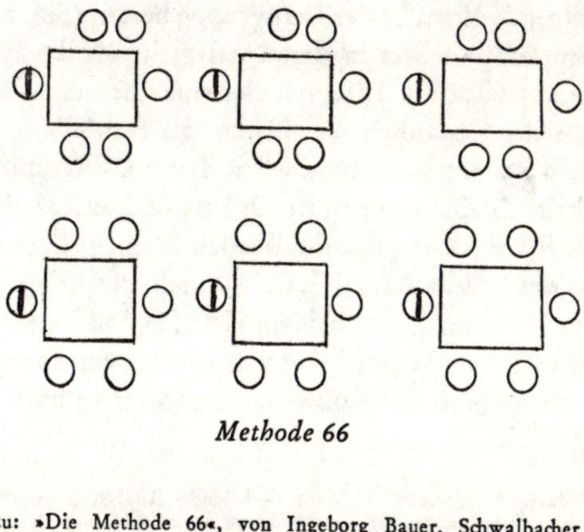

Stufe I

Methode 66

[1] Vgl. dazu: »Die Methode 66«, von Ingeborg Bauer, Schwalbacher Blätter, Nr. 18, S. 11, und Dr. Magda Kelber, Fibel der Gesprächsführung, Darmstadt, 1958.

werden. Es dürfte dann besonders interessieren, wie sich die Ergebnisse der verschiedenen Gruppen zur gleichen Frage unterscheiden.
Häufiger jedoch werden die Gruppen mit der Erörterung verschiedener Themen oder Teilaufgaben im Anschluß an das Referat betraut. Dies arbeitsteilige Verfahren bedeutet Zeitgewinn und die Möglichkeit, eingehender zu diskutieren.

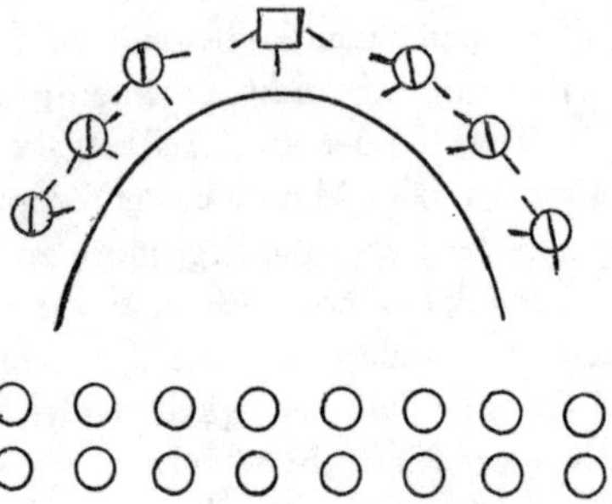

Stufe II

Die moderne Pädagogik, die vom Unterricht vor allem *Effizienz* und *Kreativität* fordert, weist der Gruppenarbeit eine zentrale Bedeutung im Lernprozeß zu. *W. Niggemann* z. B. stellt folgende Vorteile der Lerngruppe heraus (Skizze):
Die Lerngruppe leistet in der Regel mehr als die Einzelperson. Sie aktiviert die Tätigkeit des einzelnen und ermöglicht es ihm, seine Gedanken ungehemmt zu formulieren. Sie gestattet ein Lernen im individuellen Tempo. – Gruppenlernen macht kritisch. Die Gruppe ist ein Lernfeld, in dem Konflikte didaktisch fruchtbar gemacht werden können. Lernen in der Gruppe ermöglicht Kreativität, d. h. schöpferisches und produktives Verhalten, Entscheiden, Urteilen und Tun.
Der Lehrer oder Gesprächsleiter spielt bei der Lerngruppenarbeit vorwiegend die Rolle des Organisators und »Animateurs«[1].

[1] Vgl. Wilhelm Niggemann, Effizienz — kritische Analyse eines pädagogischen Sachverhalts unter dem Aspekt der Lerngruppenforschung; in »Päd. Rundschau« 8/1970, S. 627 ff.
Vgl. auch das Literaturverzeichnis zur Gruppenpädagogik auf S. 162.

Die offene Debatte

Nicht bezweifeln!

Es läßt sich sogar im Parlament jemand überzeugen; man sollte das nicht bezweifeln!

BUNDESTAGSVIZEPRÄSIDENT CARLO SCHMID

Den Unterschied zwischen Diskussion und Debatte hatten wir bereits deutlich gemacht: Einmal die sachliche Erörterung mit dem Ziel der Klärung, der Lösung eines Problems. Zum andern, Kampf zweier Gruppen, der Versuch, den Gegner

Debattieren heißt kämpfen

zu überzeugen, zu gewinnen, ihm die Waffe aus der Hand zu schlagen oder ihn zu schlagen.

Dies kann in »offener Feldschlacht« geschehen. So möchte ich die offene Debatte bezeichnen. Voraussetzung ist eine Gruppierung. Zwei oder mehrere Gruppen, Parteien, Mannschaften tragen diesen Kampf aus. Wir erleben diese offenen Debatten in den Plenarsitzungen der Parlamente. Es sind oft vorwiegend »Wortgefechte«. Gelegentlich werden – in südlichen Ländern – auch Stuhlbeine zu Hilfe genommen. Das ist natürlich unanständig.

Unsere Parlamente haben sich Geschäftsordnungen gegeben, die solche Ausfälle oder Auswüchse verhindern helfen. Die Parlamentspräsidenten genießen ein hohes Ansehen und können durch Ordnungsrufe oder Sitzungsausschlüsse Verstöße gegen die Ordnung und gegen gute Sitten im Haus ahnden.

Eine offene Debatte ist auch außerhalb der Parlamente denkbar. Nehmen wir an, in einer Jugendgruppe bestehen zwei Auffassungen zu einem Problem. Der Leiter schlägt vor: »Das nächste Mal debattieren wir darüber. Wir bilden zwei Gruppen. Jede Seite versucht, die andere zu überzeugen.«

Klarer wird die Geschichte, wenn eine Jugendgruppe eine andere zu einer Debatte einlädt. Dann ergeben sich die gegensätzlichen Standpunkte schon aus dem unterschiedlichen Charakter der Gruppen. Angenommen, es geht um die Atombewaffnung der Bundeswehr. Die eine Gruppe ist dafür, die andere dagegen. Beide Seiten tragen in freier Rede und mit Nachdruck ihren Standpunkt vor. Kann sein, daß am Ende der Debatte die Front der einen Seite abbröckelt und diese sich geschlagen gibt. Meist sind die Fronten jedoch so verhärtet, daß es zum Sieg der einen Seite nicht kommt.

Damit erhebt sich nochmals die Frage nach dem Wert der Debatte. Gespräch und Diskussion sind in ihrem erzieherischen Wert unbestritten. Kann man das auch von der Debatte sagen? Wenn man sie nach ihren möglichen Auswüchsen beurteilen wollte, gewiß nicht. Aber auch in der konventionellen Form bedeutet sie doch eine Umkehrung der Erziehungsgrundsätze:

Man geht mit einer vorgefaßten Meinung in das Wortgefecht und verläßt den Kampfplatz ungeschlagen (so glaubt man es wenigstens), mit der gleichen vorgefaßten Meinung. – Die Zielsetzung ist im Grunde genommen nicht fair, wenn man bedenkt, daß jede Partei den »Ich-habe-recht!«-Standpunkt verteidigt und weniger darum ringt: Wer hat recht? – Hinzu kommt, daß es bei einem Konflikt doch nicht allein zwei Möglichkeiten gibt, das »Entweder-Oder«, die Lösung liegt doch in der Einsicht, im Überzeugen, im Kompromiß.
Dazu ist zu sagen, daß im Parlament die Fraktionen eingehend diskutieren, bevor sie in die Debatte gehen. Daß auch in der Debatte manche Einsicht geboren wird, ist nicht zu leugnen.

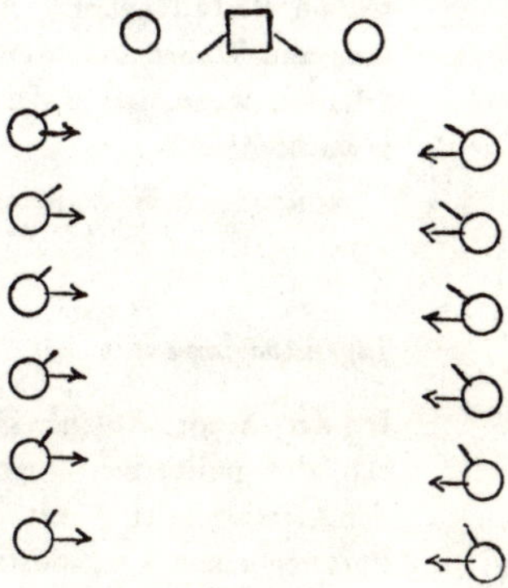

Offene Debatte

Die üblichen Debatten – das gilt auch für die nächsten Kapitel – erfüllen vor allem einen formalen Zweck: Die Teilnehmer haben Gelegenheit, sich in der freien Rede, im Argumentieren zu üben. Sie müssen sich einer klaren Ausdrucksweise befleißigen. Sie lernen das rhetorische Säbelfechten, werden schlagfertig. Im übrigen darf man die Übungsdebatten, von denen noch die Rede sein wird, nicht ernster nehmen,

als sie es beanspruchen: Ein frisch-fröhlicher, ein brillanter Kampf. Nachher schüttelt man sich die Hände. –
Großen Gewinn und viel Spaß haben auch die Zuhörer. Der Leiter der Debatte nimmt natürlich keinen leichten Stand ein. Er muß scharf über die Regeln des Anstands und der Fairneß wachen.
Wenn solch ein Streitgespräch begonnen wird, muß auch die Bereitschaft vorhanden sein, anständig miteinander zu kämpfen. Diese Fairneß wird in der Debatte geübt. Ist das nicht schon viel wert?

Wahrheiten

Ich hatte auch auf Ihren (der SPD) frenetischen Beifall gehofft. Aber ich erkenne langsam, Wahrheiten werden hier nur anerkannt, wenn sie aus dem eigenen Gemüt erwachsen!

BUNDESTAGSVIZEPRÄSIDENT DR. DEHLER

Jugendparlament

In der Stadt *Rotenburg*/Hannover haben die politischen Jugendgruppen und der Ortsjugendring mit Zustimmung der Parteien einen »Jugendstadtrat« gebildet. Sie schlossen sich zu Fraktionen zusammen, wählten einen »Jungbürgermeister« und beraten in Anlehnung an die Geschäftsordnung des »Rates der Alten«. Gefördert wird dieses Jugendparlament vom Stadtrat und vom Stadtdirektor von Rotenburg. – Zur Nachahmung empfohlen!

Die Podiumsdebatte nach englischer Art

Interessanter als die offene Debatte wirkt die Podiumsdebatte. Sie wird vor allem in den angelsächsischen Ländern gepflegt (debating societies), während sie bei uns noch wenig bekannt ist[1].

In England hat man – in Anlehnung an die Erfahrungen im Unterhaus – für diese Art der Debatte sehr ausgeprägte Formen entwickelt. Der Leiter (Vorsitzender) heißt Chairman. Eine Partei (Gruppe) stellt den Antrag (motion). Der Antragsteller nennt sich proposer of the motion, seine Helfer seconders of the proposer. Der Antragsgegner führt die Bezeichnung opposer, seine Helfer nennt man seconders of the opposer.

Ähnlich wie bei der Podiumsdiskussion sitzen fünf bis sieben Personen auf einem erhöhten Podest. Sitzordnung: Halbkreis oder U-form. In der Mitte der Leiter. Links die Vertreter des Antrages, rechts die Gegner, oder umgekehrt. Im Saal die

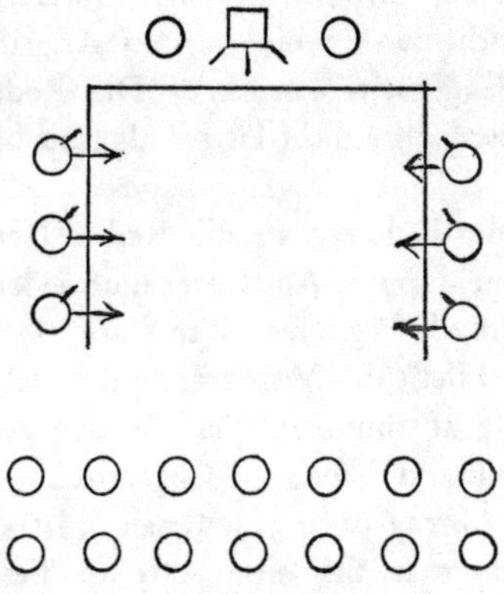

Podiumsdebatte

[1] Vgl. dazu: Eric Orton, Discussing and Debating, Klett, Stuttgart, 1952.

Zuschauer, die am Schluß der Debatte auch zu Worte kommen. Jeder Sprecher beginnt mit dem Satz: Mr. Chairman, Ladies and Gentlemen! – Diese strenge äußere Form prägt den Verlauf der Debatte und verleiht ihr eine gewisse Würde. – Die Bedenken, die wir im vorigen Kapitel gegen die Debatte anführten, werden durch diese Ausdrucksformen der Höflichkeit und Würde in etwa »sublimiert«. Auch die Abstimmung am Ende der Debatte, die ja eine Stellungnahme der Zuhörerschaft bedeutet, nimmt der Debatte wenigstens zum Teil das Odium eines bloßen Wortgefechts.

Nun, übertragen wir die englischen Formen auf deutsche Verhältnisse: Da sind der Vorsitzende, der Antragsteller, seine »Pro-sprecher«, der Antragsgegner und die Gegensprecher. Der Vorsitzende eröffnet, gibt die Redezeit der einzelnen Redner bekannt und verliest den Antrag, der zur Debatte steht. Dann erteilt er dem Antragsteller das Wort. Dieser beginnt: Herr Vorsitzender, meine Damen und Herren! Er begründet seinen Antrag. Dann erhält der Antragsgegner das Wort. Nach ihm sprechen im Wechsel die Pro-sprecher und die Gegensprecher. Danach tragen Antragsteller und Antragsgegner nochmals ihre Argumente vor, verwerten dabei letzte stichhaltige Gesichtspunkte und weisen Angriffe oder Auffassungen der Gegenseite zurück. – Die Redezeit für den einzelnen Sprecher sollte nicht länger als fünf bis sechs Minuten betragen.

Nun kommen die Zuhörer an die Reihe. Der Vorsitzende bittet um Wortmeldungen. Auch jetzt muß jeder mit der vorgeschriebenen Anrede beginnen. Wenn sich niemand mehr zu Worte meldet, schließt der Vorsitzende die Debatte und läßt über den Antrag abstimmen: Wer für den Antrag ist, der möge bitte die Hand heben. – Gegenprobe? – Stimmenthaltung? – Der Antrag ist angenommen –, ist abgelehnt.

Natürlich braucht man sich nicht starr an dieses Schema zu halten. Änderungen sind durchaus denkbar. Es könnten z. B. die Führer der beiden Kampfgruppen am Schluß nochmals Stellung nehmen zu den Äußerungen, die aus der Zuhörerschaft kamen. Gruppen, die solche Debatten durchführen wollen, sollten sich aber zuvor eine Art Geschäftsordnung geben, an die sie sich dann wirklich halten.

Der Leiter muß mit der Verfahrensordnung gut vertraut sein, er muß in der Materie stehen und er muß Autorität ausstrahlen. Bestreiten zwei Vereine oder zwei Jugendgruppen eine solche Podiumsdebatte, empfiehlt es sich, einen Vorsitzenden zu wählen, der weder der einen, noch der anderen Seite angehört, der also vereinsneutral ist. Das muß jedoch nicht unbedingt sein. Auf jeden Fall muß es jemand sein, der einer solchen Veranstaltung gewachsen ist und der die Gewähr dafür bietet, daß sachlich und objektiv geleitet wird. In den Schulen führt diese Aufgabe ein Lehrer aus, bis sich das Verfahren gut eingespielt hat und geeignete Schüler das Amt übernehmen können. Natürlich kommen hierfür nur die Mittelstufe ab 9. Schuljahr und die Oberstufe in Frage.

Podiumsdebatten bringen reges Leben in den Schulbetrieb. Vor der Veranstaltung sind alle Gemüter stark erregt. Die beteiligten Sprecher haben sich seit langem schon auf das Thema vorbereitet, desgleichen auch viele Schüler. Ich habe es erlebt, wie eine ganze Klasse Argumente für ihre Sprecher sammelte. Das ist Gruppenarbeit im besten Sinne.

In der Debatte sind Beifalls- und Mißfallenskundgebungen – natürlich in einem bestimmten Rahmen – durchaus erlaubt. Die Zuhörer geben am Schluß ihr Votum ab. Sie sind damit alle in die Debatte mit eingeschaltet, wirken also aktiv mit.

Das Votum gilt sowohl der Sache, als auch den Sprechern auf dem Podium. Je besser und überzeugender eine Seite ihr Anliegen vertritt, desto mehr Anhänger gewinnt sie unter den Zuhörern.

Beispiel einer Podiumsdebatte in einer Mittelschule. Die Sprecher kamen aus den 10. Klassen (fünfzehn Jahre). Leiter war ein Lehrer.

Der Antrag lautete:

> Die Mädchen sollen ein Sozialjahr ableisten, entsprechend dem Wehrdienst der Jungen!

Der Antragsteller und die Pro-sprecher brachten folgende Argumente (Zusammenfassung):

Gleichberechtigung für Mann und Frau – gleiche Rechte, gleiche Pflichten – Jungen sind benachteiligt in der Berufsausbildung – Mädchen sollen auch etwas für das Vaterland tun, es täte besonders den Modepüppchen gut – In den Krankenhäusern besteht Schwesternmangel, die Kranken können nicht richtig versorgt werden – wohin soll das führen? – Wir können auch mal krank werden – die Zahl der Alten, der Pflegebedürftigen wächst – es fehlen Pflegekräfte – kinderreiche Familien brauchen Hilfe, wenn die Mutter krank ist – Im Sozialjahr lernen die Mädchen Krankenpflege, Kochen, den Haushalt führen, alles Dinge, die das Mädchen später als Frau und Mutter benötigt – Mädchen mit Sozialjahr werden begehrter, kriegen eher einen Mann.

Der Antragsgegner und seine Helfer fanden folgende Gegengründe:

Verkappter Wehrdienst – bald tragen sie ein Gewehr – Rückfall in nazistische Methoden – Verstoß gegen das Grundgesetz – nicht jedes Mädchen eignet sich – wer will, der kann – der Staat soll die Schwestern besser bezahlen, dann wird kein Mangel auftreten – Gefahr der Ansteckung in Privathaushalten – die Mädchen sollen unter der Obhut der Eltern aufwachsen – sie sollen schön sein, für die Männer, wenn sie heiraten – durch den Pflichtdienst wird Schönheit und Gesundheit leiden – was hat schon Pflichtdienst für einen Sinn und Wert? – nur was man freiwillig tut, ist wertvoll – Zwang ist für einen Menschen unwürdig.

Die Ausführungen der einzelnen Sprecher wurden mit großer Anteilnahme verfolgt und mit viel Beifall bedacht. Es waren etwa zweihundert Jugendliche im Saal anwesend, zur Hälfte

Mädchen. Etwa 80 % stimmten am Schluß für das Sozialjahr.
Gruppen oder Schulen, die derartige Podiumsdebatten erstmals halten wollen, sollten zunächst mit recht simplen und spaßigen Themen beginnen. Beispiele: Häusliche Aufgaben gefährden die Gesundheit und sollten verboten werden. – Schülerinnen dürfen keine Dauerwellen tragen. – Mädchen unter achtzehn dürfen sich nicht schminken. – Die Primaner müssen ein Bärtchen tragen. – Die Tanzstunde sollte für die 8. Klasse verbindlich sein. – Die Lehrer sollen schon die 8. Klasse »siezen«. – Die Schüler sollen den Schülerinnen die Büchertaschen nach Haus tragen. – Jugendliche unter achtzehn Jahren müssen um 20 Uhr im Bett sein! –
Die Debatte solcher Themen bereitet außerordentlich viel Freude und vermittelt die notwendigen Techniken, um später ernsthaftere Probleme zu bewältigen.

Die Podiumsdebatte nach amerikanischer Art

Teilnehmerzahl und Sitzordnung entsprechen der englischen Form. Auch die erste Runde verläuft ähnlich: Nach dem Antragsteller spricht der Gegner, diesem folgt der Helfer des Antragstellers usf. Jedoch tragen alle zunächst ihre vorbereiteten und wohldurchdachten Auffassungen zum Antrag vor. Es ist also zunächst noch kein ausgesprochenes Streitgespräch oder braucht es nicht zu sein, sondern mehr ein Vortragen der erarbeiteten Meinungen. In der zweiten Runde, die nun der Gegner eröffnet, wird auf die Argumente der Gegenseite eingegangen und versucht, diese niederzuringen. Jetzt vor allem kann jeder einzelne Schlagfertigkeit, Redegewandtheit, Sachkenntnis, Witz und Humor unter Beweis stellen.

Die Bewertung obliegt nicht der Menge der Zuschauer, sondern mehreren ausgewählten Schiedsrichtern. Natürlich kann auch den Zuhörern diese Aufgabe übertragen werden. Ihre Beteiligung an der Debatte selbst ist nicht vorgesehen.

Diese Form trägt vielleicht noch stärker als die englische den Charakter der Übung, des Spiels. Aber wenn es hier manchmal auch nur um die Übung im Reden, im Debattieren geht, der formale und erzieherische Wert ist bei richtiger Handhabung der Methode nicht zu bestreiten.

Es ist im übrigen so, daß bei diesen Debatten sich ganz bestimmte Schüler auszeichnen. Andere glänzen beim Fußball, beim Sport, diese beim geistigen Wettkampf. Die Frage ist, ob das für die Bildung der Persönlichkeit nicht auch wichtig erscheint.

Das Forum

Das Wort »Forum« hatte ursprünglich eine dreifache Bedeutung: Einmal war es der *Marktplatz* in Rom (Forum Romanum) zwischen Kapitol und Palatin und an anderen Stellen. Zum andern verstanden die Römer darunter einen *Gerichtshof*. Und schließlich war damit die *Volksversammlung*, die öffentliche Aussprache zwischen den Behörden und dem Publikum gemeint. Letztere ist für uns von Interesse.
Formen, Aufgaben und Rechte dieser Volksversammlungen waren unterschiedlich und änderten sich oft. Diktatoren bedienten sich ihrer gern, um besondere Anträge durchzubringen und den Maßnahmen den Schein der Legalität zu verleihen.
Aus der verwirrenden Formenvielfalt der römischen Volksversammlungen erwähnen wir die »contiones«, nichtbeschließende Zusammenkünfte, die dazu dienten, Mitteilungen an das Volk zu machen und Gesetzesanträge zu debattieren, die »comitia«, strenggeordnete beschließende Versammlungen ohne Debatte und die »concilia plebis«, die von einem Volkstribunen geleitet wurden und seit 287 v. Chr. auch Gesetze beschließen konnten (Plebiszite). Sie wurden von den zuständigen Beamten einberufen und nach strengen Regeln geleitet, damit ja nicht etwa ein Tumult entstand[1]. Es ging bei den Versammlungen nur um das »Populum rogare«, »das Volk fragen«. Gesprochen wurde nur über Anträge, die von den Beamten eingebracht wurden. Das Volk hatte kein Initiativrecht und konnte nicht in die Staatsverwaltung und in die Tätigkeit der Beamten eingreifen. Die »Kompetenz« lag bei den Beamten, die bei den Volksversammlungen auf dem erhöhten »Tribunal« saßen.
Geläufig ist uns heute noch der Ausdruck: »Vor dem Forum der Öffentlichkeit.« In umgekehrter Richtung: »Vor den

[1] Vgl. dazu: Ernst Meyer, Römischer Staat und Staatsgedanke, Darmstadt, 1961, S. 190 ff.

Schranken des Tribunals«, womit jetzt freilich immer ein Gericht gemeint ist, manchmal in abwertendem Sinne. Eingebürgert hat sich auch das Wort *»Jugendforum«*, vor allem in größeren Städten von Jugendringen veranstaltet. Ganz klare Vorstellungen verbinden sich mit dem Wort »Forum« nicht. Gemeint ist aber immer die Allgemeinheit, ein breiter Personenkreis, das Volk, das dem oder den Sprechenden gegenübersteht.

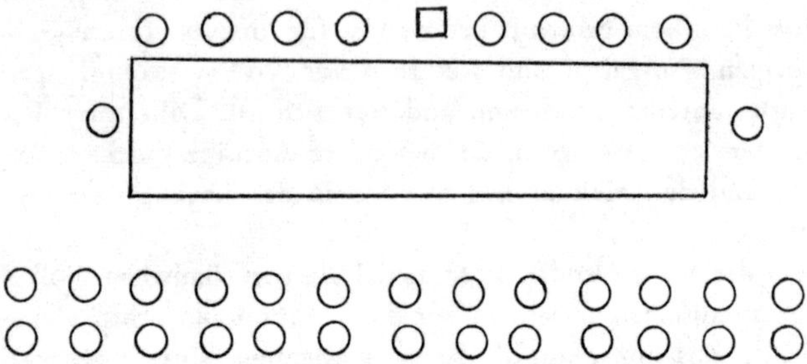

Forum

Mir scheint, daß eine Bürgerversammlung im heutigen Sinne am ehesten dem historischen Begriff des Forums entspricht: Vorn an einer Tischreihe sitzen die Ratsherren und die Spitzen der Verwaltung mit Blick zum Volk. Die Bürger fragen, die Ratsherren und die Beamten geben Antwort und umgekehrt. So strenge Formen wie einst in Rom sind heute nicht denkbar. Fragen und Antworten pflegen oft zu Diskussionen oder gar Debatten zu führen.

Wenn wir das »Forum« von den bisher besprochenen Formen des Gesprächs abgrenzen wollen, können wir wohl sagen: Es ist ein Frage- und Antwortspiel zwischen einer begrenzten und ausgewählten Gruppe und der Öffentlichkeit. Der Leiter eines solchen Forums nimmt Fragen entgegen, antwortet oder läßt die Antwort von seiner Mannschaft geben. Umgekehrt können er und seine Mitarbeiter Fragen stellen und die Zuhörer oder Zuschauer nehmen Stellung.

Wenden wir uns von der hohen Ebene ab und begeben wir uns in die einfache Wirklichkeit. Läßt sich das Forum in der Schule, im Verein, in der Jugendgruppe praktizieren? Durchaus!

Beispiele:

1. Jede weiterführende Schule hat einen Schülerrat, der sich aus den Sprechern der verschiedenen Klassen zusammensetzt. Ein kleines Schulparlament. Einmal im Jahr veranstaltet dieses Gremium ein Forum, in dem die Mitglieder des Rats Rede und Antwort stehen, außerdem natürlich auch Fragen an die gesamte Schülerschaft richten oder Vorschläge unterbreiten.
2. Eine politische Jugendgruppe lädt Vertreter verschiedener Parteien oder Organisationen ein, um in Frage und Gegenfrage zu hören, was deren Meinung zu einem bestimmten Problem ist. Daß sich solch ein Forum sehr leicht zu einer Diskussion oder einer Debatte abwandeln kann, liegt in der Natur der Sache und ist durchaus kein Fehler.
3. In einem Verein wird über ein Problem diskutiert. Die Meinungen gehen schroff auseinander. Man findet keine Lösung und kann sich nicht einigen. Schließlich beschließt man, »Experten« auf diesem Gebiet einzuladen und diesen dann das umstrittene Problem vorzulegen. Sie sollen ihre Stellungnahme »vor dem offenen Forum« entwickeln und Rede und Antwort stehen. Auch hier kann natürlich sehr schnell daraus eine Diskussion werden.

   Verwandt mit dem »Forum« ist das »Hearing«, das in verschiedenen Formen praktiziert wird. Oft werden Fachleute von Journalisten oder Politikern »verhört«, oder umgekehrt: Politiker, Minister, Fachbeamte stellen sich den Fachleuten.

Die Diskussion nach einem Vortrag

Ein Vortrag ohne Diskussion ist wie Brot ohne Salz!

Erfreulicherweise ist es heute gang und gäbe, daß in politischen Versammlungen, in den Volkshochschulen, in den Vereinen, in allen möglichen Versammlungen, außer bei feierlichen Anlässen, sich an den Vortrag eine Aussprache anschließt. Meist hört man auch vom Redner, daß er auf die Diskussion größten Wert legt, dann aber manchmal mit seinen Ausführungen so langatmig wird, daß für die beabsichtigte Diskussion keine Zeit übrig bleibt. Aus Höflichkeit – in zehn Minuten geht der Zug – unterbleiben dann Wortmeldungen. Mit berechtigter Ablehnung wird auch meist die Bemerkung des Leiters aufgenommen: »Der Vortrag war so überzeugend, daß sich eine Diskussion erübrigt!« Es gibt immer Menschen, die fragen oder etwas dazu sagen wollen. Diesen sollte man entgegenkommen.

Nach Möglichkeit sollte für die Diskussion so viel Zeit übrig sein, wie für den Vortrag. Dieser regt doch die Zuhörer an, oder sollte es tun. Damit wird der Wunsch, sich dazu zu äußern, lebendig. Mancher Besucher geht zum Vortrag nur wegen der Diskussion (vor allem bei Wahlversammlungen). Redner, die auf eine Diskussion verzichten, handeln kurzsichtig.

Manchmal besteht auch eine Scheu vor der Aussprache. Hier wird der Leiter ermuntern müssen, aber nicht mit gutem Zureden: »Wollen Sie nicht? Wagt es keiner?« – Geschickter handelt er, wenn er zwei unterschiedliche Auffassungen gegenüberstellt oder, wenn er, als letztes Hilfsmittel, eine provozierende Frage stellt. Doch sollte man eine Diskussion nicht erzwingen.

Überflüssig wirkt es, wenn der Leiter der Veranstaltung glaubt, er müsse den Vortrag noch einmal kurz zusammenfassen: Der Redner hat – sehr richtig – gesagt, erstens, zweitens, drittens usw. – Einen Punkt herauszugreifen, weil er dem Leiter besonders wichtig erscheint –, dagegen wird kaum jemand etwas einwenden. Aber bitte keine Kurzwiederholung des Vortrags.

Was unternimmt man, wenn in einer Vortragsfolge sich immer wieder die gleiche Person mit immer dem gleichen Anliegen zur Aussprache meldet? Manchmal haben solche Menschen einen Hang dazu. Manchmal sind es Fanatiker, manchmal aber auch ernst zu nehmende Personen, die man durchaus gewähren lassen soll. Geschicklichkeit und Taktgefühl des Leiters müssen dafür sorgen, daß die betreffende Person nicht allein die Diskussion beherrscht: »Bitte, die andern wollen auch zu Wort kommen!«

Zum Schluß nimmt der Redner nochmal das Wort. Das ist guter Brauch.

Man soll über alles reden, nur nicht über fünfzehn Minuten!

L. L.

Bei einem Negerstamm in Südafrika gilt die Regel, daß der Häuptling nicht länger sprechen darf, als er auf einem Fuße stehen kann.

Tritt frisch auf,
tu's Maul auf,
hör bald auf!

MARTIN LUTHER

Die Diskussion nach einem Kurzvortrag

Stand im vorigen Kapitel der Vortrag im Schwerpunkt der Veranstaltung, ist es hier die Diskussion. Der Kurzvortrag kann zwei Ziele verfolgen: Er kann in das Problem einführen und (oder), er kann die Teilnehmer zur Diskussion herausfordern.

Der Leiter muß sich also genau überlegen, welchen Zweck der Kurzvortrag erfüllen soll. Ist das Thema, die Problematik allgemein bekannt, kann er sich eine längere Einführung ersparen. Er wird hier nur kurz einen Überblick geben und dann die bisher bekannt gewordenen gegensätzlichen Standpunkte herausstellen und, vielleicht in überspitzter Form, zur Diskussion stellen.

Ist das Problem als solches weniger oder nicht hinreichend bekannt, muß der Vortragende den Sachverhalt schildern und dann die Meinungen erfragen. Falsch wäre es, wenn der Redner dabei die Lösung, die Wertung oder seine persönliche Stellungnahme vorwegnähme. Der Reiz zur Diskussion würde damit schwinden. Also nochmals: Der Kurzvortrag soll entweder im Überblick informieren oder herausfordern oder beides zusammen.

Die Diskussion selbst kann frei verlaufen, ohne Richtungsangabe durch den Leiter. Je kleiner der Kreis, desto lockerer kann er die Zügel lassen. Ist die Tischrunde größer, oder ist das Thema sehr umfangreich, dann empfiehlt es sich, daß der Diskussionsleiter die Fragen vorschlägt, über die gesprochen werden soll.

Beispiel für solch eine gelenkte Diskussion mit einer politischen Jugendgruppe:

Thema: Der Streit zwischen Peking und Moskau.

Kurzreferat: Das Verhältnis der beiden Staaten im Verlauf der Geschichte bis zur Gegenwart. Kurzer Überblick über die Ereignisse der letzten Zeit. Die Teilnehmer sind aus Zeitungsberichten, vom Rundfunk und vom Fernsehen und nun ergänzend durch den Kurzvortrag mit dem Problem vertraut. Da das Thema sehr umfangreich ist und die Gefahr besteht, daß die Diskussion ins Uferlose führt, regt der Leiter (der Referent) nach einer allgemeinen Aussprache an: Ich möchte vorschlagen, daß wir in der Diskussion über folgende Fragen sprechen:

- **a** Handelt es sich bei dem Konflikt Peking – Moskau um einen ideologischen Kampf?
- **b** Ist es ein Machtkampf?
- **c** Ein Rassenkampf?
- **d** Bleibt das Ziel des Kommunismus, die Weltrevolution, weiter bestehen?
- **e** Welche Auswirkungen hat der Streit auf uns, auf die Wiedervereinigung, auf Berlin?

Der Leiter erbittet die Zustimmung zu diesem Vorschlag. Noch besser, er fragt, ob jemand noch einen Punkt dazugesetzt haben möchte. Wenn darüber Einigkeit erzielt wurde, wird mit der Diskussion begonnen. Am Ende faßt der Leiter die erarbeiteten Antworten auf die gestellten Fragen zusammen.
Eine solch »geordnete« oder vom Thema her gelenkte Diskussion hinterläßt bei den Teilnehmern das Gefühl: »Wir haben doch fruchtbare Arbeit geleistet!«

Filmgespräch — Filmdiskussion

Warum geht man ins Kino? Um sich zu amüsieren, sich zu entspannen, um ferne Länder oder ein schönes, sorgenfreies Leben wenigstens auf der Leinwand zu erleben, um berühmte Schauspieler zu sehen, ja, manchmal auch, um sich mit einem Problem auseinanderzusetzen.

Jeder Film regt zu einer Stellungnahme an: Bei Unterhaltungsfilmen erschöpft sie sich vorwiegend in der Feststellung: Schön, interessant, oder: langweilig. Problemfilme bewegen den Menschen stärker und lösen dann auch Gespräche und Diskussionen aus. Je problemstärker (nicht unbedingt problematischer) ein Film erscheint, desto eher gerät er ins Gespräch, desto mehr wird über ihn oder über die darin auftretenden Streitfragen diskutiert.

Soll man nun über einen Film *sprechen* oder *diskutieren*? – Siegfried Mohrhof[1] vertritt mit Nachdruck die Auffassung, daß das »Gespräch« dem Film am ehesten gerecht wird. Das wird deutlich, wenn man nach dem Sinn und der Bedeutung des Filmgesprächs mit Jugendlichen fragt: Ausgehend von der Tatsache, daß, nach einer Formulierung von Prof. Dr. Stückrath, Jugendliche einen Film im »Zustand des herabgesetzten Bewußtseins« erleben, daß »Zerrbilder der Wirklichkeit in die aufnahmebereiten Seelen der Heranwachsenden eindringen«, betont Siegfried Mohrhof den besonderen Wert der Filmgespräche und sieht ihre erzieherische Aufgabe darin, daß sie

1. »die Kritikbereitschaft der Jugendlichen gegenüber jedem Filmerlebnis erhöhen«,
2. »die persönliche Auseinandersetzung der Jugendlichen mit Problemen des menschlichen Lebens anregen«,

[1] »Filmgespräche mit Jugendlichen« (mit Beiträgen von Ulrich Haase, Gerd Winkler und Wolfgang Brudny), hrsg. v. Institut für Film und Bild in Wissenschaft und Unterricht, München, 1960. — Eine Schrift, die vor allem den Leitern von Filmgesprächen sehr empfohlen werden kann.

3. »einen sicheren Geschmack und ein sicheres Stilgefühl entwickeln«,
4. »durch persönliche Begegnungen im Gespräch die Kontaktarmut unserer Zeit überwinden helfen«.

Ich glaube, besser kann man die Aufgabe des Filmgesprächs kaum umreißen. – Zum 1. Punkt, Erhöhung der Kritikbereitschaft und Abwendung der Gefahren, die viele Filme bringen, fordert Mohrhof, die falschen Vorstellungen, die der Film vermittelt, zu entzerren, um die Jugend vor ernsthaften Schädigungen zu bewahren. Das wird am besten im Filmgespräch erreicht werden. Dadurch können »die verlogenen und unglaubhaften Elemente eines Films, besonders wenn das Gespräch durch geschickte Führung weitgehend einer Analyse gleichkommt, deutlich gemacht werden. Sie fallen dann ›bewußt‹ in sich zusammen«.

Diese klare und überzeugende Zielsetzung fordert das ruhige Gespräch, das, nach unserer Formulierung, auch nur eine beschränkte Anzahl Gesprächsteilnehmer zuläßt. Es erscheint wenig sinnvoll, einen Film, der vielleicht vor zweihundert Schülern in einer geschlossenen Vorstellung gezeigt wurde, anschließend vor dem gleichen großen Forum zu besprechen. Das kann nach einer Pause im Klassenverband geschehen.

Filmkreise oder Arbeitskreise »Jugend und Film«, die sich das Ziel gesetzt haben, gute Filme zu fördern und gleichzeitig Filmerziehung zu pflegen, sind schon aus organisatorischen Gründen gezwungen, das Filmgespräch an die (abendliche) Vorführung anzuschließen. Aber auch da muß eine kurze Pause eingelegt werden, in der all diejenigen, die nicht am Gespräch teilnehmen wollen, das Theater verlassen können. Der Rest bringt sicherlich das erforderliche Interesse am Filmgespräch auf.

Die Zuschauer stehen unter dem Eindruck des Filmgeschehens und haben den Wunsch, darüber zu sprechen. Nun wäre es falsch, hier gleich lenken zu wollen. Das Ventil muß zunächst geöffnet bleiben, damit der Überdruck entweicht. Dann erst empfiehlt sich eine thematische Steuerung. Gesichtspunkte für das Gespräch können sein (je nach Altersstufe):

1. Wiedergabe und Vertiefung des Filminhalts.
2. Was haben wir nicht verstanden?
3. Welche Szenen haben uns am stärksten beeindruckt? Warum?
4. Was will uns der Film sagen? (Problem)
5. Sind wir mit der Antwort, der Lösung einverstanden?
6. Wenn nicht, wie stellen wir uns diese vor?
7. Wie stellt sich das Problem außerhalb des Films? Beispiele, Vergleiche.
8. Vergleiche mit andern Filmen, mit ähnlicher Problematik.
9. Die Leistung der einzelnen Schauspieler, des Regisseurs.
10. Würden wir uns den Film nochmals ansehen? Wenn ja, warum?

Das sind nur einige wichtige Gesichtspunkte, die, je nach Altersstufe, Bildungsgrad und Lebenserfahrung variiert und erweitert werden können. Über diese etwas formalen Ordnungspunkte hinaus muß das Filmgespräch insgesamt das Ziel verfolgen, in den jungen Menschen das Verständnis für das Medium »Film« zu wecken, die Sinne für die Problematik zu öffnen. Die Jugendlichen sollen lernen, *bewußt und genau zu sehen.* Sie sollen das Echte vom Falschen, das Gute vom Schlechten unterscheiden, die Symbolkraft einzelner Bilder und die Sequenzen (kleinere Handlungseinheiten) in ihrer Stellung zum Filmganzen werten und richtig einordnen können. Wenn dem Jugendlichen aufgegangen ist, welche Gestaltungsmöglichkeiten im positiven und negativen Sinne der Film birgt, welche Macht, welchen Faktor er im kulturellen und politischen Bereich, in der Erziehung einnehmen kann, erst dann befindet er sich auf dem Wege zur »Filmreife«.

Es würde den Rahmen unseres Vorhabens sprengen, wollten wir noch tiefgründiger auf das Filmproblem eingehen. Für uns stehen das Gespräch, die Diskussion im Vordergrund. Der Film soll die Ausgangslage dazu schaffen.

Nun erhebt sich die Frage, eignet sich ein Film besonders dafür? Soweit es sich um ein Gespräch handelt, wohl immer. Man kann »über« den Film sprechen, über die Handlung, über die Gestaltung, über die Schauspieler, über die Musik, die fotografische Leistung. Eine andere Note kann das Gespräch erhalten, wenn über das »Problem« des betreffenden Filmes gesprochen wird, oder über einen Streitpunkt in dem Stück und plötzlich die Meinungen hart aufeinanderprallen. Dann rückt der Film als solcher in den Hintergrund, dann ist er, in diesem Falle, nichts anderes als ein Mittel, um die »Diskussion« auszulösen. Er schafft die »gesprächweckende Situation« in der dramatisierten, nacherlebten Form. Das mag dem Film besser gelingen als einem Vortrag, einem Buch oder einem Hörspiel, da im Film der Zuschauer die Handlung sinnenhaft miterlebt. Ähnlich übrigens, wenn vielleicht auch nicht so stark, im Theater.

Der Nachteil des Films wiederum – reflektiert auf unser Thema – liegt darin, daß er viel Beiwerk, Nebenhandlung und Ablenkung umschließt, so daß das eigentliche Problem, über das man diskutieren will, in vielen Fällen verkleidet oder schief erscheint.

Filme bieten fast immer auch die Antwort auf die gestellte Frage. Dann kann sich das Gespräch mit dem Problem und der darauf gegebenen Antwort befassen. Man darf wohl sagen: Filme eignen sich gut als Ausgangspunkt für »Gespräche«. Wie sehr sie sich auch auf den ersten Blick als Grundlage für eine »Diskussion« anbieten, didaktisch, d. h. im Sinne einer lehrhaften Absicht sind sie nicht immer voll brauchbar. Vielleicht sollte man einen Problemfilm, dann, wenn das Thema seinen Höhepunkt erreicht hat, unterbrechen, diskutieren, und dann die Lösung im Film erleben, schließlich die Auffassung des Regisseurs nochmals im Gespräch erörtern[1].

[1] Das »Institut für Film und Bild«, München, gibt zu einigen Spiel-Filmen »Ausschnittfassungen« heraus. Diese sind als Unterrichtsmittel bei der Filmerziehung gedacht. Entscheidende Szenen und Sequenzen werden dem Gesprächskreis nochmals vorgeführt und jeweils besprochen. Diese Ausschnittfassungen verfolgen also ein didaktisches Ziel. Bekanntlich werden beim ersten Sehen des Filmes viele Kernpunkte übersehen oder nicht erfaßt. Zu

So etwas ist in Lichtspielhäusern natürlich nicht möglich, wohl aber in Schulen, Filmklubs und Jugendgruppen. (Mit diesem Vorschlag könnte man sich freilich dem Vorwurf aussetzen: Der Film als Ganzes darf doch nicht zerrissen werden.) Nun sind die meisten Streifen, die in die Schulen kommen, die den Jugendgruppen zur Verfügung stehen, nicht ausgesprochene Problemfilme, sondern Lehrfilme oder informative *Streifen.* Wenn sie ihren Zweck voll erfüllen sollen, empfiehlt sich ein Gespräch über darin dargestellte Sachverhalte. Der »Ton«-film bringt zwar die erforderlichen Erläuterungen, doch bleibt noch manche Frage offen. Schließlich ist ein Film, vom Zuschauer aus gesehen, monologisch. Eine weitere Klärung sollte im Dialog geschehen.

Manchmal tritt auch in einem rein informativen Film ein besonderes Problem auf. Just das interessiert. Ich erlebte dies mit sechzehnjährigen Schülern nach der Vorführung des Tonfilms »Land und Volk Israel« (F 531). In der folgenden Stunde ließ ich frei darüber reden. Das Gespräch war nicht ergiebig und beschränkte sich zunächst auf die Wiederholung des Gesehenen. Bis plötzlich das Wort »Kibbuz« fiel und ein Schüler behauptete: Das ist Kommunismus! – Damit war die unterrichtliche Provokation gefunden, die Wortmeldungen und gegensätzliche Stellungnahmen von allen Seiten auslöste. Neben einer sachlichen Klärung kam auch die neuere Geschichte Israels ins Gespräch. Einige wenige Meter Filmstreifen, die die israelische Siedlungsform des Kibbuz gezeigt hatten, hatten bewirkt, daß eine ernsthafte und lebhafte Diskussion über den Begriff, über das Wesen des Kommunismus, des Sozialismus, über die Geschichte und die politische Bedeutung des Staates Israel zustande kam.

Die wenigen Sekunden Film hatten sich als »fruchtbarer Moment« ausgewirkt.

einer zweiten Vorführung fehlt die Zeit und Möglichkeit. — Näheres dazu in dem interessanten Beitrag von Ulrich Haase, Ziel und Wert filmkundlicher Betrachtungen, in »Film, Bild, Ton«, München, 4/64, S. 5. — Wertvolle Anregungen für das Filmgespräch bietet auch ein Tonband des Institutes für Film und Bild »Das Filmgespräch«. Es kann über die Kreisbildstellen ausgeliehen werden.

Buch, Zeitschrift, Zeitung als Gesprächsgrundlagen

Hier ist, ähnlich wie beim Film, zu sagen, daß man im allgemeinen über ein Buch sprechen, doch über ein Problem, eine Tendenz, eine Auffassung des Dichters auch, oder vorwiegend diskutieren kann.

Voraussetzung ist in jedem Falle, daß alle Teilnehmer das Werk gelesen haben. Das Nachlesen einer Besprechung in der Zeitung reicht nicht hin, um ein Urteil über ein Buch abgeben zu können. Am besten vorbereitet ist derjenige, der sowohl das Buch als auch verschiedene Rezensionen gelesen hat. Er ist dann auch auf alle möglichen Einwendungen gefaßt.

Auch das »Buchgespräch« ist der Gefahr ausgesetzt, daß es sich in Nebensächlichkeiten verliert, ja, vielleicht noch mehr als das Filmgespräch. Eine straffe Führung scheint daher angebracht. Der Leiter sollte in der Einführung bereits Vorschläge machen, auf welche Fragen sich das Gespräch konzentrieren wird. Noch besser, er erbittet Anregungen hierfür. Dann bewegt sich das Gespräch um diese Fragen und gleitet nicht so leicht in Belanglosigkeiten ab.

Es ist kaum möglich, ein allgemeines Schema für solch ein Gespräch zu geben. Man muß auf die Zusammensetzung des Kreises Rücksicht nehmen, desgleichen spielt die Art des Buches eine Rolle. Ein geschichtliches Werk wird man nach andern Maßstäben messen als ein politisches, ein rein literarisches, ein religiöses oder ein fachwissenschaftliches. In vielen Fällen wird man über den Autor sprechen, wird weitere Bücher von ihm oder von andern Verfassern in Vergleich stellen. Man wird den Motiven, dem künstlerischen Vorwurf nachspüren, versuchen, die Handlung und die Charaktere zu deuten.

Greift man das Problem oder ein Problem heraus, kann aus dem ruhigen Gespräch eine lebendige Diskussion entstehen. Das wird vor allem dann der Fall sein, wenn der Teilnehmerkreis bewußt mit der Absicht zusammengestellt wurde, die gegenteiligen Auffassungen aufeinanderprallen zu lassen. Dann wird die Diskussion anregend, manchmal leidenschaftlich, denn gerade auf dem Gebiete der modernen Literatur stehen sich die Meinungen geradezu konträr gegenüber. (Das war wohl schon immer so!)

Gesprächsanregend wirkt in jedem Falle die Gegenüberstellung zweier Bücher über das gleiche Thema, z. B. die Vorgeschichte des zweiten Weltkrieges in östlicher und in westlicher Sicht. Dazu die beiden Bücher:

J. A. Boltin, Über die Entstehung und den Charakter des zweiten Weltkriegs 1939–1945. Erschienen bei Rütten u. Loening, Berlin (Ost) 1960, und

Walter Hofer, Die Entfesselung des zweiten Weltkrieges, Fischerbücherei 1960.

Das Thema erfordert selbstverständlich eine intensive Vorarbeit und viel Sachkenntnis.

Leichter zu diskutieren ist ein Problem in der Darstellung zweier Dichter. Nehmen wir das Thema »Gerechtigkeit«. Werner Bergengruens kurze Erzählung »Gerechtigkeit« und »Der Augsburger Kreidekreis« von Bertolt Brecht ergeben eine sehr geeignete Gegenüberstellung[1].

Zeitungen, Zeitschriften und Illustrierte bieten oft Anlaß zum Gespräch oder zur Diskussion. Mal ist es ein Bericht, der die Gemüter erregt, mal eine Meldung, die ein Gespräch auslöst. In dieser Zeitung ist es die Schlagzeile, in jener ein Bild, das zum Denken und Reden anregt. Gerade die Tageszeitungen mit ihren aktuellen Meldungen eignen sich gut dafür, eine Aussprache oder eine Diskussion in Gang zu bringen. Wohlgemerkt steht hier nicht die Zeitung selbst zur Diskussion, sondern die Meldung, der Bericht, das Bild. Will man über die Zeitung selbst diskutieren, dann stellt man am besten mehrere in Vergleich.

[1] Diese und weitere Geschichten zum gleichen Thema in dem Band »Gerechtigkeit«, Verlag Kamp, Bochum.

Nehmen wir an, eine Jugendgruppe hat das Thema gewählt: Wie erfüllen unsere Zeitungen ihre Aufgabe? Dann wird man in einer ersten Zusammenkunft über die Arbeit der Presse schlechthin sprechen. Das dürfte eine Stunde in Anspruch nehmen. Zur nächsten Zusammenkunft bringt der Leiter drei oder vier verschiedene Tageszeitungen vom gleichen Datum mit. Noch besser, er fordert die Teilnehmer auf, ihre Zeitungen zum Gruppenabend mitzubringen. Das Nächstliegende: Es werden die Schlagzeilen verglichen. Gleich kommt die Frage: Warum erscheint der einen Zeitung diese Meldung so wichtig, warum der andern jene?

Eine Meldung wird herausgegriffen: Wieviel Raum, welchen Platz nimmt sie in den verschiedenen Blättern ein? Worüber berichtet die eine Zeitung, worüber die andere? Was verschweigt diese oder jene Zeitung, und warum tut sie das?

Die Tendenz eines Blattes erkennt man oft auch am täglichen Kommentar. Besonders reizvoll wirkt es, wenn man, im Glücksfall oder bei einem besonderen Ereignis, in Tageszeitungen die Meinungen der Schriftleiter zum gleichen Geschehen findet und sie vergleichen kann.

Damit stellt sich die Frage nach dem politischen Standort von allein. Die Antwort wird schnell gefunden. Weitere Gesprächspunkte: Vergleich des politischen, des kulturellen, des lokalen und des Sportteils. Fragen nach der Sachlichkeit, nach dem Stil, nach dem Wert der Bilder und der Karikaturen. Schließlich ist auch der Anzeigenteil einer Untersuchung wert. Spiegelt er doch das gesellschaftliche, wirtschaftlich und soziale Leben wieder.

Ich entsinne mich einer Äußerung meines Physik-Studienrats aus dem Jahre 1935: »Alles, was in der Zeitung steht, ist Schwindel. Selbst die Todesnachrichten stimmen nicht immer!« Dem Lehrer geschah nichts, denn die Klasse hielt dicht. Sie spürte den Wahrheitsgehalt der Aussage.

Solche Einwürfe regen wiederum an zum Vergleich der Presse heut und in der Zeit des Nationalsozialismus.

Ähnlich, wenn auch nicht so ergiebig, kann man auch über Zeitschriften sprechen. – Stellt man Illustrierte in den Mittelpunkt der Diskussion, wird man vor allem die Bilder vergleichen müssen. »Ein Bild sagt mehr als tausend Worte!« heißt es im Schlagwort. Ein Bild kann aber auch tausendmal mehr schaden.

Sind die Bilder in den Bildzeitschriften wirklich echt? Stellen sie nicht oft ein Zerrbild dar, eine hundertstel Sekunde im Leben eines Menschen, einen, vom Berichterstatter her gesehen, interessanten, vom Abgebildeten aber unwahren Augenblick? – Wer steht im Mittelpunkt der Reportagen? Was zeigen – oder enthüllen – die meisten Titelfotos? Wie sind die Romane in den einzelnen Illustrierten zu beurteilen? – Sind die Auflagenhöhen ein Maßstab für die Qualität der Illustrierten? Soll man diese Zeitschriften im Lesezirkel halten?

Eine Fülle von anregenden Fragen, die mit Sicherheit sehr unterschiedliche und umstrittene Meinungen ergeben. Der Drang zum Sprechen ist hier besonders groß. Man kann bei solchen Diskussionen erleben, wie sich die Teilnehmer gegenseitig das »Wort aus dem Munde reißen«, um ihre Auffassung anzubringen.

Statt dieser allgemeinen Diskussion kann man schon in der Vorbereitung Mitglieder der Gruppe mit besonderen Aufgaben betrauen:

Ihr vergleicht in euern Zeitungen die Schlagzeilen.

Ihr berichtet, wie eure Zeitungen über ein ganz bestimmtes Thema (Wiedervereinigung, Bundestag, UN, Olympiade, Schulwesen, Theater, ein örtliches Ereignis, einen Politiker) schreiben.

Ihr lest die politischen Kommentare.

Ihr nehmt euch den Wirtschaftsteil vor.

Ihr verfolgt die Sportmeldungen.

Ihr nehmt die Horoskope unter die Lupe. (Das gibt ein Mordsgaudium.)

Ihr schaut euch den Anzeigenteil an.

Diese Aufgaben bilden dann gleich den Leitfaden für das gelenkte Gespräch. Den Kurzberichten der Gruppen schließt sich sofort die Aussprache an.

Hier könnte man noch anfügen: Der mündlichen Auseinandersetzung sollte eine optische Gegenüberstellung folgen, derart, daß Meldungen, Kommentare, Bilder, Karikaturen zum gleichen Gegenstand, Horoskope vom selben Tage nebeneinander geklebt und als Schautafel an die Wand gehängt werden. Das wäre die Krönung des Gesprächs. Der Pädagoge sagt: Das vorweisbare Werk.

Mehr Wahrsager als Geistliche

In Frankreich soll es gegenwärtig weit mehr amtlich lizenzierte Wahrsager und Wahrsagerinnen geben als Geistliche aller Konfessionen zusammen.

Gespräch oder Diskussion nach einer Problemgeschichte

Das vielleicht einfachste und wirksamste Mittel, ein Gespräch oder eine Diskussion in Gang zu bringen, ist die *Problemgeschichte.* Ihr fällt die Aufgabe zu, die *»gesprächweckende Situation«*, von der schon mehrfach die Rede war, zu schaffen. Es ist durchaus nicht gleichgültig, ob ich frage: »Darfst du der Aufforderung zur Lüge folgen?«, oder ob ich das Problem »Lüge« in eine Handlung einbaue. Erzähle ich eine entsprechende Geschichte, dann leben die Schüler sofort in dem Geschehen. Je konkreter, je plastischer, je lebendiger die Ausgangssituation, je reger die Aufmerksamkeit, desto stärker identifiziert sich jeder mit den oder dem Handelnden.

Bei Johann Gottfried Herder heißt es in seiner »Schulrede« (1781): ...

> »Flamme steckt Flamme an, Gegenwart erweckt Gegenwart des Geistes. Sobald der Lehrer das Glück hat, seine Klasse in rege Aufmerksamkeit, ja, in einen Wettstreit der Aufmerksamkeit, von eigenen sich übenden Seelenkräften seiner Schüler zu setzen und darin zu erhalten, macht und fördert alles sich gleich von selbst ...« [1]

Umgekehrt: Je theoretischer die Fragestellung, je geringer die Aufmerksamkeit, desto weniger innere Anteilnahme und Verständnis kann erwartet werden.

Nehmen wir das Thema »Notlüge«. Man kann fragen: Was ist Notlüge? Sicher wird man einige Antworten bekommen, aber nur wenige Schüler haben sofort geschaltet und denken mit. So theoretische Fragen schrecken eher ab, als daß sie Interesse wecken.

Die andere Möglichkeit: Man konstruiert einen Beispielfall und geht davon aus. Sofort steht man mitten im Problem,

[1] Zitiert nach: Gottfried Hausmann, Didaktik als Dramaturgie des Unterrichts, Heidelberg, 1959, S. 164.

hat das Wort Notlüge noch nicht einmal erwähnt. Unser Anliegen ist ja, nicht nur eine begriffliche Klärung zu vermitteln, sondern durch Gespräch oder durch Diskussion Verstand und Herz, Denken und Wollen zu aktivieren.
Die folgende kurze Geschichte, die man sowohl zehnjährigen als auch fünfzehnjährigen Schülern oder Jugendlichen vorlegen kann, ist konstruiert, wiederholt sich aber Tag für Tag in vielen Familien. Die *Antwort* ist bewußt *weggelassen,* um den Reiz zu erhöhen und um das Suchen nach einer Lösung ganz den Gesprächsteilnehmern zu überlassen. Man kann im Anschluß an diese Geschichte ein absolut freies Unterrichtsgespräch führen. Geübte Klassen oder Gruppen finden von sich aus die Gesichtspunkte dafür. Sicherer und ohne Zeitverlust kommt man zum Ziel, wenn das Gespräch nach einer vorher überlegten Ordnung verläuft. Zuvor jedoch muß allen die *Möglichkeit der freien Meinungsäußerung* geboten werden. Die Antworten kommen bunt und z. T. ohne logischen Zusammenhang. Um so eher ist das Verständnis und die Bereitschaft gegeben: Wir müssen Ordnung in unser Gespräch bringen. Dieser Plan ist natürlich nur ein Vorschlag und kann oder soll vom Leiter auch nur als solcher unterbreitet werden:

Notlüge

Der Vater ist spät aus dem Dienst gekommen. Ein langer und anstrengender Tag liegt hinter ihm. Erschöpft legt er sich aufs Sofa, um etwas auszuruhen. »Hoffentlich stört uns heute kein Besuch!« Er hat es kaum ausgesprochen, da schrillt die Glocke. »Ich bin nicht zu Haus!« flüstert er schnell seiner zehnjährigen Tochter Regina zu. Diese schaut ihn groß an, zögert einen Augenblick, wendet sich dann zur Tür, um nachzusehen, wer dort sei. Es ist Herr Müller aus der Nebenstraße mit einem privaten Wunsch. – – –

a Allgemeines Gespräch. (Was meint ihr dazu?)
b Wie würdest du dich an Reginas Stelle verhalten?

c Hat der Vater recht gehandelt?
d Mußte die Tochter gehorchen?
e Gibt es eine Notlüge? Wann ist sie anwendbar?
f War die Notlüge in diesem Falle berechtigt?
g Welche Folgen kann das Verlangen des Vaters für Regina haben?

Vierzehnjährige Mittelschüler, denen diese Geschichte vorgelesen wurde, gaben, nach einem allgemeinen Meinungsaustausch, folgende Antworten (im Auszug):

Zu b: Wie würdest du dich an Reginas Stelle verhalten?

Ingrid: Ich würde den Mann nicht mit der Lüge des Vaters abspeisen. Ich würde ihm sagen: Vater ist so erschöpft. Bitte, kommen Sie später wieder.

Edith: Ich hätte gesagt, was Vater wünschte. Schließlich hat er ja den ganzen Tag gearbeitet und hatte ein Recht auf Ruhe.

Wolfgang: Ich würde den Mann für später bestellen, ihm aber die Wahrheit sagen.

Heinz: Ich hätte dem Vater gesagt, daß das eine Lüge sei. Man muß immer die Wahrheit sagen.

Brigitte: Ich hätte dem Vater gehorcht. Das 4. Gebot steht vor dem 8. (!)

Zu c: Hat der Vater recht gehandelt?

Traude: Der Vater hat ein Recht auf Ruhe. Er konnte sich mit gutem Gewissen verleugnen lassen.

Dieter: Nein, er hätte sagen müssen, daß er nicht gestört werden möchte.

Ingrid: Nein, er durfte seine Tochter nicht zur Lüge verleiten.

Ilsedore: Ich finde, er hat nicht recht gehandelt. Er konnte ja nicht wissen, wer vor der Tür stand und worum es sich handelte.

Zu d: Mußte die Tochter gehorchen?

Inge: Ja, hätte sie es nicht getan, hätte sie vielleicht nachher Schläge bekommen.

Günther: In diesem Falle ja. Es war ja nur eine kleine Lüge.

Traude:	Ja. Ein Kind muß gehorchen, wenn der Vater was sagt.
Sabine:	Ja, sie mußte dem Vater gehorchen.
Sigrid:	Regina war nicht verpflichtet, in dieser Situation zu gehorchen. Da aber Regina sicher wohlerzogen war, war es für sie eine selbstverständliche Sache, dem Vater zu gehorchen. Sie war ja erst zehn Jahre alt und durfte ihrem Vater nicht widersprechen.

Zu e: Gibt es eine Notlüge?

Barbara:	Ich finde, es gibt keine Notlüge. Sonst könnte jeder, der erwischt wird, sagen: es war nur eine Notlüge.
Anneliese:	Ich finde, eine Notlüge sollte es für einen charakterstarken Menschen nicht geben.
Ingrid:	Doch, die gibt es. Wenn jemand sehr krank ist, braucht der Arzt ihm nicht die Wahrheit zu sagen.
Edith:	Ja. Man kann sie auch anwenden, wenn man z. B. einen Hausierer an der Wohnungstür loswerden will.
Heinz:	Ja, wenn man in Lebensgefahr ist.

Zu f: War die Notlüge in diesem Falle berechtigt?

Brigitte:	Es war keine Notlüge, sondern eine richtige Lüge!
Heinz:	Es lag kein Notfall vor. Da konnte Regina ruhig bei der Wahrheit bleiben.
Wolfgang:	Das war eine Lüge aus Bequemlichkeit.
Ursula:	Ja, sie war berechtigt, wenn der Vater den Auftrag gegeben hat.

Zu g: Welche Folgen kann das Verlangen des Vaters für Regina haben?

Liesel:	Sie kann vor ihrem Vater die Achtung verlieren.
Ursula:	Sie kann das Vertrauen zu ihrem Vater verlieren.
Ludwig:	Regina kann einen Schaden davontragen, den später ihr Mann bemerkt.
Ulrich:	Regina fängt vielleicht selber an zu lügen.
Hans-Jürgen:	Es wirkt sich auf ihr späteres Leben aus.

Dazu, als Kommentar, eine ergötzliche Begebenheit:

Das kommt davon

Der römische Konsul *Nasica* wollte den Dichter *Ennius* besuchen. An der Haustür fragte er nach ihm. Die Magd antwortete: »Mein Herr ist nicht zu Hause.« Der Besucher merkte, daß die Magd die Unwahrheit sprach, sagte aber nichts dazu.
Einige Tage später kam Ennius zu Nasica. An der Haustür fragte er nach ihm. Da rief Nasica aus dem Hause, er sei nicht zu Hause. Hierauf Ennius: »Wie, vernehme ich nicht deine Stimme?«
Nasica entgegnete: »Du bist ein unverschämter Mensch. Als ich nach dir fragte, glaubte ich deiner Magd, daß du nicht zu Hause seist. Und du willst mir selbst nicht glauben?«

NACH CICERO, VOM REDNER

Eine weitere Geschichte aus dem Gemeinschaftskundeunterricht, bei der Behandlung der Grundrechte:

Alle Menschen sind vor dem Gesetze gleich

Der Polizeimeister Willig stand frierend an der Verkehrsecke. Es ging auf Mitternacht. Noch zehn Minuten, dann würde er abgelöst. In Gedanken war er schon zu Haus. Nur noch wenige Fahrzeuge belebten die Straße. Da fiel ihm ein langsam fahrender Wagen auf, der sich im Zickzack der Verkehrsecke näherte. – Aha, ein Betrunkener! Willig hob das Rotlicht. Der Wagen hielt. Der Polizist leuchtete hinein. Der Strahl des Scheinwerfers traf das ihm sehr bekannte Gesicht seines Vorgesetzten, des Polizeikommissars Wegner.

a Allgemeine Meinungsäußerung.
b Was würdest du an Stelle des Polizisten tun?

c Was konnte geschehen, wenn Willig den Kommissar nicht meldete?

d Wonach mußte der Polizist sich richten?

e Art. 1 des Grundgesetzes lautet: Alle Menschen sind vor dem Gesetze gleich. Gibt es Ausnahmen?

f Haben Kinder die gleichen Rechte wie Erwachsene?

g Nenne Beispiele, wie jemand sich Sonderrechte anmaßte.

h Was machst du, wenn dein Kaufmann, dein Frisör einen Kunden vorzieht?

i Wie war es früher, zur Zeit des Feudalismus, im 19. Jahrhundert in Preußen?

j Hat derjenige, der mehr Steuern zahlt, mehr Rechte?

Mit fünfzehnjährigen Mittelschülern wurde folgendes Gespräch, das zeitweise den Charakter einer Diskussion annahm, geführt. (Auszug):

Allgemeine Meinungsäußerung:

Gisela:	Der Beamte muß den Vorgesetzten festnehmen.
Ernst:	Der Vorgesetzte kann ja krank sein. Dann geschähe das zu Unrecht.
Uwe:	Vielleicht wollte der Kommissar den Polizisten prüfen.
Günter:	Der Vorgesetzte muß wissen, daß er betrunken nicht fahren darf.
Annemarie:	Er kann während der Fahrt krank geworden sein.
Ingolf:	Der Vorgesetzte darf den Polizisten nicht auf diese Art prüfen, da er dadurch seine Mitmenschen gefährdet.
Angelika:	Alle Menschen sind vor dem Gesetze gleich. Also mußte der Kommissar bestraft werden.

Frage: Was würdest du an Stelle des Polizisten tun?

Ernst (er will	selbst Polizist werden): Ich würde ihm den Autoschlüssel wegnehmen, ihn auf die Wache nehmen und sein Verhalten beobachten.
Günter:	Er darf seinen Platz an der Kreuzung nicht verlassen.

Uwe: Ich würde den Kommissar aus dem Auto holen, ihn nach meiner Ablösung auf die Wache bringen und eine Blutprobe nehmen lassen.

Ursula: Ich würde die Funkstreife verständigen und ihn anzeigen.

Uwe: Wenn der Kommissar betrunken war, konnte er den Polizisten umfahren.

Veronika: Ich würde ihn anzeigen, auch wenn meine Beförderung dadurch gefährdet wäre.

Ernst: Seine Beförderung wäre dadurch nicht gefährdet, denn er hat bewiesen, daß er pflichtbewußt ist.

Die allgemeine Auffassung lautet: Der Kommissar muß angezeigt werden. Der Polizist muß ihm den Zündschlüssel abnehmen.

Frage: Was konnte geschehen, wenn Willig den Kommissar nicht meldete?

Gisela: Es konnte ein Unfall passieren. Willig wäre dann mitschuldig.

Ernst: Er könnte dann nicht befördert werden.

Günter: Es konnten Zeugen da sein. Der Polizist wäre reingefallen.

Gisela: Es geht nicht aus der Geschichte hervor, daß Zeugen da waren.

Veronika: Willig konnte wegen Unzuverlässigkeit bestraft werden.

Frage: Wonach mußte der Polizist sich richten?

Edelgard: Er durfte sich nur nach dem Gesetz richten.

Uwe: Alle Menschen sind gleich.

Brigitte: Er mußte sich an die Dienstvorschriften halten.

Frage: Alle Menschen sind gleich. Gibt es Ausnahmen?

Angelika: Bei Kindern muß man eine Ausnahme machen.

Gisela: Kinder und Geistesgestörte sind nicht gemeint.

Ernst: Abgeordnete des Bundestages bilden ebenfalls eine Ausnahme.

Angelika: Die Abgeordneten werden oft schärfer bestraft als Privatpersonen.

Günter: Die Strafe wird im Bundestag beschlossen.

Ernst: Nein, die Abgeordneten sind immun und können erst bestraft werden, wenn der Bundestag die Immunität aufgehoben hat.

Allgemeine Meinung: Nur Kinder, Geisteskranke und Verbrecher bilden eine Ausnahme.

Bärbel: Ein Straßenfeger ist doch nicht dasselbe wie ein Professor?

Walter: Kein Mensch ist wie der andere.

Veronika: Vor dem Gesetz sind alle gleich.

Ursula: Ein Professor wird beim Diebstahl eines Schweins nicht so streng bestraft wie ein Straßenfeger.

Gisela: Der Professor muß strenger bestraft werden.

Inge: Beim Straßenfeger war es vielleicht Mundraub. Der Professor dagegen verdient viel mehr Geld.

Günter: Es müssen alle gleich bestraft werden.

Die Meinungen gehen auseinander.

Angelika: Alle Menschen haben das Recht, die Regierung zu wählen.

Gisela: Manche interessieren sich nicht für die Politik. Die soll man auch nicht zwingen.

Ursula: Es ist kein Mensch wie der andere. Also sind auch die Interessen verschieden.

Frage: Haben die Kinder die gleichen Rechte wie die Erwachsenen?

Ursula: Kinder dürfen nicht wählen.

Bärbel: Sie sind noch nicht reif.

Klaus: Sie haben weniger Pflichten, also auch weniger Bürgerrechte. Aber sie sind volle Menschen.

Günter: Die Eltern nehmen die Rechte der Kinder wahr, bis diese erwachsen sind.

Nenne Beispiele, wie jemand sich Sonderrechte anmaßte:

Es werden Beispiele aus dem Straßenverkehr, aus der Wirtschaft und aus der Politik genannt.

Frage: Was machst du, wenn dein Kaufmann oder dein Frisör einen Kunden vorzieht?

Ursula: Protestieren!

Bärbel: Wegbleiben.
Rolf: Da ginge ich nicht mehr hin.

Frage: Wie war es früher, zur Zeit des Feudalismus, im 19. Jahrhundert in Preußen?

Gerhard: Nur die Ritter und die Vornehmen hatten volle Rechte, die Bauern waren unfrei.
Ulrich: Nicht immer, erst als sie in Not und in Abhängigkeit zum Grundherrn gerieten. Im Zeitalter des Feudalismus.
Heiko: Freiherr vom Stein hat die Bauern befreit.
Wolfgang: Das Dreiklassenrecht gab es in Preußen bis zum Jahre 1918.

Frage: Hat derjenige, der mehr Steuern zahlt, auch mehr Rechte?

Walter: Wer mehr verdient, muß auch mehr Steuern zahlen.
Uwe: Die Reichen haben doch mehr Einfluß.
Ursula: Jeder zahlt nach seinen Verhältnissen. Wenn der Fabrikant mehr verdient, muß er auch mehr zahlen. Mehr Rechte darf er deshalb nicht haben.
Hilmar: Heute hat jeder die gleichen Rechte, ob reich oder arm. Das ist die Demokratie.

Eine bewährte Methode ist die »*Gegenüberstellung zweier Geschehnisse*«.

Die Freiheit der Person ist unverletzlich, GG Art. 2/2

Zweimal verhaftet!

»Sie sind verhaftet!« – Der Angestellte Franz Schulz schaute von seinem Arbeitsplatz erschrocken zu dem Polizisten auf. Er wagte zu fragen, was er denn verbrochen habe und wo der Haftbefehl wäre. Aber da wurde der Polizist ungehalten und meinte barsch, er würde es schon erfahren. – Es war im Jahre 1938. Franz Schulz hatte zwar nichts verbrochen, doch ahnte er, was ihm bevorstand. War er doch kein Freund des Regimes, hatte sich geweigert, der Hitlerpartei beizutreten und war auch sonst recht frei in seinen Äußerungen. Irgend-

einer mußte ihn verpetzt haben. Wer konnte es nur gewesen sein?
Auf der Polizeiwache empfingen ihn zwei Gestapobeamte. Sie grinsten zynisch, als er nach dem richterlichen Haftbefehl und nach den Gründen für die Freiheitsberaubung fragte. »Freiheitsberaubung!« grölten sie, nannten ihn ein marxistisches Schwein, einen Landesverräter und Bonzen. Als Franz Schulz am Abend in ein bereitstehendes Auto geschoben wurde, um mit unbekanntem Ziel weggeschafft zu werden, war sein Gesicht geschwollen und mit Striemen überzogen. Er war schwer geschlagen worden, weil er nicht hatte aussagen wollen.
Seine Angehörigen erfuhren erst nach vierzehn Tagen, daß er in einem KZ gelandet war. Als er nach sechs Monaten zur Familie zurückkehrte, war er kaum wiederzuerkennen. Er ging den Menschen aus dem Wege und schwieg sich über das, was er im Lager erlebt hatte, aus. Erst nach dem Kriege berichtete er, wie er dort geschlagen und mißhandelt worden war, obwohl er wirklich keine strafbare Handlung begangen hatte.

ZWANZIG JAHRE SPÄTER:

»Sie sind verhaftet!« Franz Schulz stieg gerade aus seinem Auto, als ein Polizist ihm die Hand auf die Schulter legte. Verwundert schaute er auf. »Nanu? Was soll ich denn verbrochen haben? – Haben Sie einen Haftbefehl?« – »Hier ist er«, sagte der Polizist. Franz Schulz las: »Haftbefehl gegen Franz Schulz in Hannover, geboren am 26. 3. 1918 in Osnabrück. Er ist dringend verdächtig, am 16. 8. 1958 in den Juwelierladen N. eingebrochen zu sein. – Reinhard, Oberamtsrichter.«
Tatsächlich, ein richtiger Haftbefehl mit Stempel und Unterschrift. Franz Schulz schüttelte den Kopf: »Ich soll in den Juwelierladen eingebrochen sein? Wer hat nur solch einen Blödsinn behauptet?« – »Ich tue nur meine Pflicht!« sagte

der Polizist höflich. »Natürlich«, meinte Franz Schulz, schloß seinen Wagen ab und folgte dem Gesetzeshüter. – Unterwegs dachte er an seine erste Verhaftung vor zwanzig Jahren. Beim Amtsgericht wurde Franz Schulz bald dem Untersuchungsrichter vorgeführt. Vorher durfte er seiner Frau mitteilen, wo er sich befand. Er tat es jedoch nicht, um seine Frau nicht zu beunruhigen. Er konnte schnell Zeugen benennen und nachweisen, daß er in der fraglichen Zeit gar nicht in Hannover gewesen war, sondern auf der Insel Sylt Ferien gemacht hatte. Der Richter reichte ihm schon nach kurzer Zeit die Hand und sagte: »Sie sind entlassen. Entschuldigen Sie, es lag eine Verwechslung vor.«

- **a** Allgemeine Meinungsäußerung.
- **b** Der Vorgang der Verhaftung 1938 und 1958.
- **c** Die Behandlung 1938 und 1958.
- **d** Was sagt das Grundgesetz über die Freiheit der Person? (Art. 2/2)
- **e** Verbrechen und Vergehen wider die persönliche Freiheit werden streng bestraft. (Strafgesetzbuch §§ 234–241a)
- **f** Beispiele von Freiheitsberaubung in neuerer Zeit: Entführung in Flugzeugen aus politischen Gründen oder um Lösegeld zu erpressen.
- **g** Weitere Beispiele von Freiheitsberaubung aus der NS-Zeit.
- **h** Unsere Aufgabe: Das Recht auf persönliche Freiheit achten und verteidigen.

Nun wieder die Frage: Gespräch oder Diskussion? – Das ist von Fall zu Fall zu entscheiden. Das Thema spielt dabei eine Rolle. Manchmal stellt sich erst in der Durchführung heraus, ob die Neigung besteht, beim ruhigen Gespräch zu bleiben oder die anregendere Diskussion zu wählen. Einige herausfordernde Fragen oder Behauptungen, und schon hat sich das gemächlich plätschernde Gespräch in einen Wildbach verwandelt.

Und das Hörspiel, das Tonband, die Schallplatte?

Auch diese drei erscheinen durchaus geeignet, ein Gespräch oder eine Diskussion anzuregen oder auszulösen. Hörspiele sind Dialoge. Der Leser oder der Hörer erlebt die Handlung in Gedanken mit, er ist in das Geschehen geistig mit einbezogen. Das befruchtet das anschließende Gespräch. Aber hier ist wieder, wie beim Film oder bei einer abgeschlossenen Erzählung zu sagen, daß die Antwort im Spiel selbst bereits gegeben wird. Man findet auch Ausnahmen, wie das Hörspiel von Heinrich Böll »Die Spurlosen«. Der Dichter überläßt es dem Leser oder Hörer, das Problem aufzulösen, die Antwort zu geben.

Beim Magnetophon hat man die Möglichkeit, das Band auf dem Höhepunkt des Geschehens anzuhalten und nun in einer Diskussion nach der Lösung zu suchen. Diese erste Diskussion steht für viele unter dem Gedanken: Ob ich wohl mit meiner Antwort der des Dichters nahekomme? Ist das Band schließlich ganz abgelaufen, ergeben sich Ansatzpunkte zu einer neuerlichen Aussprache.

Den Schulen und Jugendgruppen steht eine Fülle von Tonbändern für den politischen Unterricht, für Geschichte und Deutsch zur Verfügung. Bejaht man den Wert des Gesprächs – und wer wollte ihn leugnen? –, dann sollte man bei allen Tonbändern, die ein Problem darstellen, möglichst wie oben verfahren. Die Dinge liegen hier ähnlich wie beim Film: Der Kern wird durch viel Beiwerk verkleidet, manchmal geht viel Zeit für das Hörspiel verloren, Gespräch oder Diskussion kommen zu kurz. Setzt man zwei Stunden für Hörspiel und Diskussion an, dann kommt man mit der Zeit gut zurecht.

Den Einstieg in das Thema wird man freilich in vielen Fällen schneller durch eine entsprechend gestaltete Kurzgeschichte, wie im vorigen Kapitel, erreichen.

Nun gibt es auch Tonbänder mit dokumentarischem Charakter. Für die gilt obiges Verfahren naturgemäß nicht. Nehmen wir z.B. das Tonband Tb 140, Vom Kaiserreich zur Republik. Es enthält Reden von Kaiser Wilhelm II., Hindenburg, Tirpitz, dem U-Boot-Kommandanten König, dem Abgeordneten von Schwerin-Löwitz, von Bethmann-Hollweg und von Scheidemann. Die Rede des Abgeordneten von Schwerin-Löwitz vom 5. März 1918, in der er mit nationalistischen Schlagworten zum Durchhalten aufrief, und die maßvolle Rede des sozialdemokratischen Abgeordneten Philipp Scheidemann v. 15. Mai 1917, in der er für einen Verständigungsfrieden eintrat, stechen so stark voneinander ab, daß sie reichlich Stoff zu Meinungsäußerungen bieten. Je stärker die Gegensätze in Erscheinung treten, desto ergiebiger und fruchtbarer werden die Gespräche.

Außer dem Tonband läßt sich auch die Schallplatte für unsere Zwecke dienstbar machen. Freilich gibt es nur wenige Platten, die zur Diskussion anregen, die bewußt darauf hinzielen. Uns, unserm Anliegen ist nicht viel damit gedient, daß die Antwort mitgegeben wird. Neuerdings jedoch erscheint auf dem Markt ein Plattenspieler, den man jederzeit anhalten und ohne Schwierigkeit auch wieder weiterspielen lassen kann[1]. Didaktisch ist das ein großer Gewinn. Die Schallplatte übernimmt damit den Vorteil des Tonbandes, das man ja auch jederzeit stoppen kann[2].

[1] Telefunkenplattenspieler mit Telestop.

[2] Zum Thema Schallplatte vgl. Gerhart Binder, Politische Bildung mit Hilfe der Schallplatte, in: Geschichte in Wissenschaft und Unterricht, 3/64, S. 195.

Takt — Taktik — Taktieren

Takt ist der Verstand des Herzens.

HEINRICH GUTZKOW

Worüber wir auch streiten: Immer müssen wir den Takt wahren. Letztlich behauptet sich nur der, der seine Sache geschickt, konsequent und mit Takt vertritt.

Man sagt: Dieser Mensch hat Takt! Jener kennt keinen. Danach scheint der Takt nicht so sehr an die Situation gebunden als an die Person. Doch richtet sich das erwartete Benehmen eines Menschen naturgemäß auch nach den jeweiligen Umständen. Bei einem Empfang, wenn man irgendwo geladen ist, gebietet es der Takt, daß man jegliches Wort vermeidet, das in irgendeiner Form anstößig wirken könnte. Am Biertisch gelten andere Maßstäbe. Da kann schon mal ein »offenes« Wort riskiert werden.

Beim Gespräch (in unserem Sinne) treten unterschiedliche Ansichten auf, die in recht konventionellem Tone ausgetauscht werden. Die Diskussion ist einen Grad heißer und offener. In der Debatte schließlich wird gekämpft. Da fliegen auch Späne.

Man gebe sich nicht der Illusion hin, daß man mit einem freundlichen Lächeln »immer« Erfolg hat. Das Leben ist auch Kampf, ja, vielleicht vorwiegend Kampf. Diesen wird nur bestehen, wer zu kämpfen versteht. Der Idealfall wäre immer, im Gegner den Partner zu sehen. Das ist leider oft nicht so und wird auch in den meisten Fällen ein Wunschtraum bleiben. Besonders im politischen Bereich überwuchert oft der Machtfaktor jedes partnerschaftliche Denken.

Es ist also nicht zu vermeiden, daß z. B. in einer Debatte auch ein hartes Wort fällt. Das bedeutet jedoch nicht, daß hier die Regeln des Anstands nicht gelten. Sie gelten immer, in jeder Lebenslage. Einen Kampf wird nur der erfolgreich durchstehen, der die *»Taktik«* des Streitgesprächs beherrscht. Wie weit er sie selbst anwendet, ist seine Angelegenheit, er muß sie zumindest kennen und aus der Situation heraus handeln. Die Taktik, d. h. die bestmögliche, faire Methode, seiner Auffassung Geltung zu verschaffen, artet manchmal in *»Taktieren«* aus. Ich möchte es als den Versuch bezeichnen, eine schwache Position durch geschickte und z. T. fragwürdige Tricks und rhetorische Spiegelfechtereien zu stärken und die Gegenseite unglaubwürdig zu machen. Es steckt also eine Portion Unehrlichkeit darin, Unehrlichkeit, die eben durch rhetorisches Können oft verdeckt wird. Es liegt an der Gegenseite, diese unaufrichtigen Methoden zu erkennen und sie zu demaskieren.

> Wer fechten will, der muß der Streiche warten!
>
> ALTES SPRICHWORT

Friedrich Oetinger hat in seinem Buche »Partnerschaft« *»Zehn Gebote für die Behandlung des Gegners«* aufgestellt[1]. Sie haben große Beachtung gefunden und verdienen sie auch:

1. Höre den Gegner an und bringe nicht schon durch die Art des Zuhörens zum Ausdruck, daß dich nicht interessiert, was er sagt, und daß du nichts von ihm hältst.
2. Vermeide den Ton der Unwiderruflichkeit; bedenke, daß es in politischen Fragen fast niemals ein Richtig oder Falsch, sondern in der Regel nur ein Besser oder Schlechter gibt.
3. Überzeuge durch sachliche Kritik, vermeide persönliche Ausfälle.
4. Schone nicht allein die Person deines unmittelbaren Gegners, sondern unterlasse auch persönliche Angriffe gegen Dritte, zumal dann, wenn ihre Erwähnung nur einen Lacherfolg bewirken oder der Selbstbespiegelung dienen soll.

[1] Friedrich Oetinger, Partnerschaft, Stuttgart, 1954, S. 180. Oetinger = Pseudonym für Prof. Dr. Dr. Theodor Wilhelm. Sein Buch hat den politischen Unterricht stark beeinflußt.

5. Stelle den Gegner nicht als Dummen hin. Billige ihm zu, daß auch er rechtschaffen bemüht ist, eine gute und kluge Lösung zu finden.
6. Stelle nicht das Trennende in den Vordergrund, sondern das Verbindende; das bewahrt dich am sichersten vor der Gefahr, überreden zu wollen, statt zu überzeugen.
7. Fürchte den Gegner nicht, aber führe den Kampf gegen ihn auch nicht, als gehe es auf Leben und Tod. Wichtiger ist der gute Stil.
8. Vertrage auch selbst einen Gegenstoß, ohne gekränkt zu sein.
9. Unterstelle stets, daß auch der Gegner bereit ist, mit dir nach sportlichen Regeln zu verfahren. Tut er das nicht, dann ist überlegener Humor die beste Entgegnung.
10. Rechne stets mit der Möglichkeit eigenen Irrtums und scheue dich nicht zuzugeben, du habest deine Ansicht geändert. Weise Männer ändern ihre Meinung, Narren niemals.

Aus der Grundhaltung der Partnerschaft, der Kooperation heraus betont Oetinger, daß das zehnte Gebot das wichtigste ist, denn wenn man nicht mit der Möglichkeit des eigenen Irrtums rechnet, dann ist jedes Miteinanderreden sinnlos. – Dem pflichten wir voll bei. – Weiter unterstreicht er den Wert des Gesprächs, das er der Diskussion vorziehen möchte.

Darüber kann man geteilter Meinung sein. Denn wenn man im politischen Unterricht vornehmlich von *»Problemen und Schwierigkeiten«* [1], von aktuellen Fragen ausgeht und sich nicht nur auf den heimatkundlichen, den historischen und den institutionellen Ansatz beschränkt, dann muß man zu der Überzeugung kommen, daß die von Problemen lebende, spannungsgeladene Diskussion ihren Platz verdient. Freilich, hier wurde schon mehrfach betont: Die geordnete Diskussion.

[1] Vgl. dazu: Hans Tietgens, Falsche Ansätze in der politischen Bildung, in: »Gesellschaft — Staat — Erziehung«, 7/60, S. 304.

Um den Gedanken der »Partnerschaft« richtig einzuordnen: Wir dürfen die Menschen nicht so sehen, wie wir sie gern haben möchten, sondern wie sie wirklich sind, mit Fehlern und Mängeln behaftet, wobei einer der häufigsten, der des »Unbedingt-recht-haben-Wollens« ist, gefolgt vom Wunsch, »Macht ausüben zu können«. –
Doch, nun wieder zur Praxis. Im folgenden einige Überlegungen über taktisch richtiges Verhalten und Handeln, mit Beispielen und Gegenbeispielen[2]:

Die Meinung des Gegners achten

Wer debattiert oder diskutiert, bemüht sich, beim Gesprächspartner oder Gegner Bereitschaft zu finden, den eigenen Standpunkt zu durchdenken. Deshalb muß man die übereinstimmenden Punkte besonders betonen: »Ich freue mich, daß ...« – »Ich möchte diese Auffassung unterstreichen ...« – »Ich bin genau der gleichen Ansicht ...« – Das hellt die Gesichter der andern Seite auf und hat zur Folge, daß sie den weiteren Ausführungen auch Gehör schenkt und nicht gleich Abwehrstellung bezieht. Im übrigen macht es immer einen guten Eindruck, wenn man die Meinung des Gegners achtet, oder, falls berechtigt, anerkennt. Wer jedoch dabei zu stark aufträgt, weckt Mißtrauen und erreicht das Gegenteil. Ja, wer das öfters tut, wirkt unglaubwürdig.

> Ein weises Wort ist jenes, das die Menschen lehrt, die Reden anzuhören auch des *andern Teils.*
>
> EURIPIDES

[2] Einige Anregungen zu diesem Kapitel verdanke ich dem sehr interessanten Buch v. Werner Rother, Die Kunst des Streitens, Olzog-Verlag, München, 1961. Es ist ganz auf die Welt des Erwachsenen abgestellt und berücksichtigt weniger den Gedanken der Partnerschaft.

Das »Nein« brüskiert!

Im politischen Sprachgebrauch heißt es: Man sollte niemals »Niemals« sagen! Dieser Weisheit liegt die Erkenntnis zugrunde, daß im politischen Leben alles im Fluß ist. Ein »Nein!« dem Gesprächspartner zugeworfen, wirkt immer negativ, denn es stellt eine Schranke auf, die im folgenden Gespräch wieder abgebaut werden muß, wenn man zu einem Ergebnis kommen will. Das »Nein« versteift die Fronten, brüskiert.

Es gibt Völker, die das Wort »Nein« kaum aussprechen, sondern stets geschickt umschreiben. Sie tun es aus Höflichkeit, um den Gesprächspartner nicht zu verletzen, um sein *Selbstgefühl* zu schonen.

Das sollte man auch in der Diskussion bedenken. Damit wird nicht verlangt, daß man immer »Ja« sagt, aber ein krasses »Nein« führt meist nicht weiter. Geschickter sind Formulierungen, wie: Das müßte man sich mal überlegen! Interessant! Vielleicht! – Gar nicht schlecht! Wie meinen Sie das? – Wenn die Forderung in ungehörigem Tone vorgetragen wird oder eindeutig unberechtigt ist, darf und soll man antworten: »Stellen Sie sich vor, ich würde Ihnen das zumuten!«

Bei aller gegenteiligen Auffassung darf man den Gegner oder Partner nicht spüren lassen, daß man ihn mit seinem vielleicht »absurden« Vorschlag gleichsetzt. Andererseits darf man nicht »Ja« sagen, wenn man »Nein« meint. Es gibt Menschen, die so taktieren. Sie werden sehr schnell durchschaut und als unglaubwürdig und unehrlich erkannt.

Vielleicht!
Sage nie: Dann soll's geschehn!
Öffne dir ein Hinterpförtchen
Durch »Vielleicht«, das nette Wörtchen,
Oder sag: Ich will mal sehn!

WILHELM BUSCH

Das Gespräch aufs Nebengleis lenken

Geschickte Diskussionsredner neigen dazu, das Gespräch aufs Nebengleis zu lenken, sobald ihnen eine Frage unangenehm oder gar peinlich erscheint: »Ich komme auf die Frage noch zurück. Doch zuvor ...« In den Wellen der Diskussion wird die Antwort oft vergessen oder von gewichtigeren Dingen erdrückt. Der Fragesteller sollte selbst darauf achten, daß er zu seinem Recht kommt: »Bitte die Antwort! Nicht ausweichen!«
Eine Diskussion ist um so interessanter, je besser alle Teilnehmer die taktischen Möglichkeiten kennen und sie anwenden.

Ich komme später darauf zurück!

MdB Haasler (auf einen Zwischenruf): Ich bedaure, daß ich im Augenblick dazu nichts sagen kann, weil ich nicht genau weiß, was Sie mit diesem Zwischenruf beabsichtigen; deshalb sage ich nach hiesiger Gewohnheit: Ich komme später darauf zurück!

An bösen Worten, die man ungesagt hinunterschluckt, hat sich noch niemand den Magen verdorben.

WINSTON CHURCHILL

Angriff – Gegenangriff

»Angriff ist die beste Verteidigung«, heißt es in der Soldatensprache. Wird man – auch nach eigener Auffassung – zu Recht angegriffen, dann nützt kein Leugnen. Es ist schon besser, man gibt den Fehler zu: »Niemand von uns ist vollkommen!« Gerissene Taktiker geben sich damit aber nicht geschlagen, sondern starten sofort den Gegenangriff, sofern sich dazu nur die Möglichkeit bietet: »Gewiß, das ist mir passiert, und dafür stehe ich auch gerade. Aber wiegt der Fehler ... der Gegenseite nicht viel schwerer? Bisher habe ich dazu geschwiegen. Nun habe ich keine Veranlassung mehr dazu.« Ob der Angreifer den Gegenschlag sofort parieren kann, ist unsicher. Wenn nicht, neigt sich ihm der »Schwarze Peter« zu.

Es ist offenkundig, daß solche Wortgefechte mit gegenseitigen Vorwürfen zu nichts führen. Für die Betroffenen sind sie peinlich, auch die Zuhörer schütteln nur die Köpfe. Das wissen auch die gewiegtesten Diskussionsredner. Trotzdem: Wer möchte behaupten, daß diese Methoden aussterben?

Guter Rat: *Bier trinken!*

Der Römer Granius gab einem schlechten Anwalt, der sich beim Reden heiser geschrien hatte, den Rat, kalten Met zu trinken, sobald er nach Hause zurückgekehrt sei.

»Ich werde«, sagte jener, »meine Stimme verlieren, wenn ich das tue.«

»Besser als deine Rechtshändel«, erwiderte Granius.

CICERO, VOM REDNER, 2/LXX

Jeder *Fehler* erscheint unglaublich dumm, wenn andere ihn begehen.

GEORG CHRISTOPH LICHTENBERG

Fremde Fehler haben wir vor Augen, unsere liegen uns im Rücken.

SENECA

Wer ins Feuer bläst, dem fliegen die Funken in die Augen.

SPRICHWORT

Vorurteile und Fehlschlüsse

> Es ist schwieriger, Vorurteile zu zertrümmern als Atome. ALBERT EINSTEIN

Weit verbreitet ist das Argumentieren von Fehlschlüssen aus.

1. Sachliche Fehlschlüsse, vom einzelnen zum einzelnen. Parallelfälle: Weil Fritz ein bestimmtes Buch gelesen hat, ist er total verdorben.

   Weil er jene Zeitung liest, ist er nicht unabhängig im Denken.

   Umgekehrt, was oft nicht beachtet wird: Weil ich eine bestimmte Zeitung halte, weiß ich alles besser und ganz genau.

   Weil er einen Brief vom Amtsgericht bekommen hat, stimmt etwas bei ihm nicht!

   Weil sie oft im Café sitzt, vernachlässigt sie ihren Haushalt.

   Weil Hans und Grete mehrfach zusammen gesehen wurden, »haben sie etwas miteinander«.

2. Vom einzelnen zum allgemeinen:

   Fritz ist ein Taugenichts, also taugt die ganze Familie nichts.

   Dem Verein gehört der umstrittene Max Zeisig an. Also ist der ganze Verein nichts wert.

   Die Partei hat einen Versager. Also versagt die gesamte Partei.

   Hitler war ein Verbrecher. Also sind es alle Deutschen.

   Der Jude S. wurde durch Betrug reich. Also sind alle Juden Betrüger.

   Franz Schulze trägt einen roten Binder. Also gehört er einer bestimmten Partei an.

   Eine Fernsehsendung taugte nichts. Also ist das ganze Fernsehen nichts wert.

   Ein Beamter benahm sich bürokratisch. Also sind alle Beamten Bürokraten.

3. Fehlschlüsse, vom allgemeinen zum einzelnen:

Der Verein »Gaudeamus« hat einen schlechten Ruf. Also ist das Mitglied, Herr Meyer, auch schlecht.

Vom Kegelklub »Alle Neune« ist bekannt, daß es dort sehr »feuchtfröhlich« zugeht. Also ist der Kegelbruder Kunze ein Trinker.

Die Maschine kommt aus X-land. Also taugt sie nichts.

Die Italiener gelten als sangesfreudig. Also ist Herr Benevento ein guter Sänger.

Kapitalisten sind Ausbeuter. Demnach ist der Fabrikant Flöter ein Ausbeuter.

Politik verdirbt den Charakter. Der Abgeordnete Hecht ist demnach charakterlos.

Sozialisten sind »vaterlandslose Gesellen«. Der sozialistische Abgeordnete Linke kennt demnach kein Vaterland.

Glücklicherweise sind viele Vorurteile in der freien Welt im Schwinden. Deshalb haben es Menschen, die mit derartigen Vorurteilen und den daraus gezogenen Fehlschlüssen arbeiten, nicht leicht, mit ihren Argumenten durchzudringen. Doch ist Wachsamkeit geboten. Denn die leichtgläubigen Menschen sterben nicht aus. Und frei von Vorurteilen ist wohl kaum ein Mensch.

> Daß irgendein Mensch auf Erden ohne *Vorurteil* sein könne, ist das größte Vorurteil.
>
> AUGUST VON KOTZEBUE

Das ist nicht wahr!

> Das Gerücht ist wie ein Falschgeld: Rechtschaffene Leute würden es niemals anfertigen, aber sie geben es bedenkenlos aus. CLAIRE BOOTH LUCE

Ein alter Rechtsgrundsatz lautet: In dubio pro reo! Im Zweifelsfalle für den Angeklagten.
Die Verteidiger vor Gericht stützen sich auf diesen Satz, wenn zwar auf ihren Mandanten ein Verdacht fällt, die Schuld aber nicht nachgewiesen werden kann. Der Verteidiger kontert bei solch einer Behauptung sofort: »Bitte, beweisen Sie das! Sind Sie dabei gewesen? Woher haben Sie das?« – Ja, falls einer seiner Sache ganz sicher ist, kann er den Entrüsteten spielen. Er bekommt damit Oberwasser, und der Angreifer wird verwirrt. –
Wie oft wird in einem Streitgespräch eine Behauptung auf Grund eines bloßen Gerüchtes ausgesprochen! Es empfiehlt sich, im Gegenzug nach den näheren Umständen, nach Zeit, Ort, Zeugen und Beweismitteln zu fragen. Nur zu oft stellt sich heraus, daß die Behauptung nicht bewiesen werden kann, daß der Gegner dann den Rückzug antreten muß. Freilich, Menschen, deren besondere Stärke in der Lautstärke liegt, beharren auch dann auf ihrem Standpunkt. Hier hilft manchmal ein einziger Satz:
»Lautstärke ist kein Ersatz für fehlende Beweiskraft!«
Cicero bringt ein klassisches Beispiel, wie der große Redner *Crassus* einen fragwürdigen Zeugen außer Gefecht setzte:

> Der Zeuge Silus hatte vor Gericht den Piso dadurch beleidigt, daß er sagte, er habe Nachteiliges über ihn reden gehört. Da sagte Crassus: »Es ist möglich, Silus, daß derjenige, von dem du es gehört hast, es im Zorn gesagt hat.« Silus nickte.
> »Möglich, daß du es nicht richtig verstanden hast?«

Auch dazu nickte Silus zustimmend.
»Möglich auch, daß du das, was du gehört zu haben behauptest, überhaupt nicht gehört hast!« –
Dies kam so unerwartet, daß ein allgemeines Gelächter den Zeugen ganz außer Fassung brachte.

CICERO, VOM REDNER, 2/LXX

Man braucht viele Worte,
um ein Wort zurückzunehmen!

SPRICHWORT

Wo die Glocke der Verleumdung läutet, ist schnell eine gläubige Gemeinde beisammen.

LEBENSWEISHEIT

Nicht der Mörder – der Ermordete ist schuld!

Jemand beobachtet, wie sich zwei Männer streiten. Der Stärkere schlägt seinen Gegner so brutal, daß für diesen Gefahr besteht, wenn der Streit nicht sofort beendet wird. Der unbeteiligte Dritte greift deshalb ein und wird nun seinerseits schwer zugerichtet. –
»Warum mengt er sich auch ein!« bekommt man oft in einem solchen Falle zu hören. Damit wird dem gutmeinenden Dritten ein Teil Schuld zugeschoben. Ohne Zweifel eine falsche Schlußfolgerung. –
Beim Militär mußte früher (und muß auch heute) jeder Soldat seinen Spind verschlossen halten. Tat er es nicht und es wurde ihm aus dem unverschlossenen Schrank etwas gestohlen, dann wurde der Bestohlene als mitschuldig angesehen. – Oft wurde er bestraft, weil er gegen das Gebot, den Spind zu verschließen, verstoßen hatte. Gefühlsmäßig wurde ihm manchmal direkt die Schuld gegeben. Die Begründung lautete dann: Weil er den Spind offen gelassen hatte, ist er mit schuld an

dem Vergehen. Diese letzte Begründung ist natürlich schief und nicht haltbar.
In der Diskussion muß man das erkennen und sich von einer derartigen Beweisführung nicht irremachen lassen.

Wenn alles sitzenbliebe,
Was wir in Haß und Liebe
So voneinander schwatzen;
Wenn Lügen Haare wären,
Wir wären rauh wie Bären
Und hätten keine Glatzen.

WILHELM BUSCH

Jetzt reicht mir's aber!

In der Diskutierkunst (Dialektik) geschulte und erfahrene Menschen sind nie um eine Antwort verlegen. Wenn man glaubt, sie in die Enge getrieben zu haben, finden sie immer

noch einen Ausweg. Werden sie hart angegriffen, werden sie um so freundlicher oder antworten um so härter, je nach Fall.

Versagen alle Argumente, dann versuchen sie den letzten Schachzug: Sie spielen den Beleidigten und Entrüsteten: »Das soll ich gesagt haben? Das ist eine Verleumdung! Jetzt reicht mir's aber!« – In vielen Fällen wird dadurch der Gegner eingeschüchtert und verzichtet auf eine weitere Debatte.

Oft bezieht sich die gespielte Entrüstung auf eine nebensächliche Randerscheinung, den berechtigten Hauptvorwürfen wird ausgewichen. Bei einem etwaigen späteren Rückzug betont dann der gerissene Taktiker: »Bitte sehr, ich habe nur das behauptet ...« Meist kommt es gar nicht zu der zweiten Debatte, denn ein Streit trägt nur im Augenblick der Auseinandersetzung, im ersten Akt dramatische und erregende Züge. Nachher sinkt das Interesse. Deshalb: Ein verlorener, auch ein nur taktisch verlorener Streit ist nachträglich nicht wettzumachen. Die besten Erklärungen nützen nicht mehr viel.

Denk nicht gleich, deine Ehre sei angegriffen, wenn deine Eitelkeit verletzt wurde.

LEBENSREGEL

Was du tust, tue es nie in der Hitze.
Überdenke kalt und führe mit Feuer aus!

FRIEDRICH HÖLDERLIN

Primitiv!

Nach einem Vortrag meldete sich ein junger Mann zur Diskussion, kritisierte den Redner und nannte dessen Ausführungen primitiv. Dann versuchte er in langen und verworrenen Ausführungen seine Meinung kundzutun. Der Redner hörte sich die Kritik ruhig an, dann konterte er: Ich muß hier eine Erklärung für meine angeblich primitiven Ausführungen geben.

Als ich mit meinem Vortrag begann, überschaute ich das Publikum und sah auch Sie, lieber Freund. Da dachte ich: Ich muß mich nach dem da richten. Wenn der es versteht, was ich sage, dann werden mich alle verstehen. Leider habe ich mich dabei dennoch im Niveau vergriffen!

Bitte nennen Sie mir den Namen!

Ein alter Fuchs ist schwer zu fangen!

REDENSART

Einem kommunistischen Funktionär wurde vorgeworfen, in der Zone gäbe es nicht genügend Butter. Er konterte sofort: »Woher wissen Sie das?« – »Von meiner Tante aus Leipzig.« – »Bitte, wie heißt doch die Tante, und wie lautet ihre Anschrift?« – »Ach, Sie wollen sie wohl verhaften lassen?« – »Keineswegs, bei uns herrscht Freiheit, aber unser Staat ist sozialistisch und sorgt für alle Menschen. Es kann sich nur um einen Einzelfall handeln, den die Behörden nicht kennen. Geben Sie mir die Adresse Ihrer Tante, dann kann ich ihr helfen!«

Hier liegt ein klarer Fall von Einschüchterung vor, in einen sozialen Mantel eingehüllt.

Wir brauchen aber gar nicht so krasse Fälle zu suchen: Jemand stellt die Behauptung auf: »Den können wir nicht in den Ausschuß wählen. Der hat vor Jahren das und das gemacht.« – Gegenfrage: »Woher wissen Sie das? Wer ist der Gewährsmann?«

Wer gibt schon gern den Namen des Zeugen preis. In das Schweigen fällt der Frager und spricht von leichtfertigen Behauptungen. Er hat damit Oberwasser.

Jedes Ding hat zwei Seiten

Nehmen wir an, es geht um den Bau einer Straße. Die Ratsherren debattieren, wie breit sie sein soll: »Nicht zu breit«, meinen die einen, »denn da können die Fußgänger schneller hinüber. Der kurze Weg bringt weniger Gefahren.«
Die andere Seite argumentiert: »Möglichst breit, da ist der Verkehr flüssiger. Die Fußgänger finden eher eine Lücke zum Überqueren der Straße.« Wer hat recht? Man könnte über diese Frage lange streiten. Nebenbei: Parlamentarier pflegen zu sagen: Entscheidend ist nicht, wer recht hat, sondern wer recht bekommt. – Das trifft zu im Ergebnis.
Jede Partei kann ihre Auffassung mit vielen Argumenten unterbauen.
Wenn man über den Wert des Heiratens diskutiert, ist es durchaus möglich, daß die eine Seite (vielleicht die Junggesellen) eine Fülle von Gründen gegen das Heiraten vorbringen kann. Nicht minder viele wird die andere Seite finden. – Sokrates stellte aus der Erfahrung mit seiner Xanthippe (so hieß nämlich seine Frau) fest: »Ob du heiratest oder nicht – du wirst es auf jeden Fall bereuen.« Nun, er war aus Erfahrung Pessimist geworden.
Die Erkenntnis, daß man jedes Ding, jede Tat, jeden Sachverhalt, jede Begebenheit, ja, jeden Menschen von zwei Seiten anschauen kann, schafft in vielen Fällen überhaupt erst die Voraussetzung zu einer echten und begrüßenswerten Diskussion.
Da bewirbt sich ein junger Mann um die Stelle eines Stadtbaurats. Nach der Vorstellung diskutiert der Ausschuß dessen »Qualifikation«. Die eine Seite stellt seine fachliche Eignung heraus. Die andere Seite bemängelt sein Auftreten, befürchtet, er könnte sich in seinem Amte nicht durchsetzen. Ein zweiter Bewerber stellt sich vor: Er bringt schwache Zeugnisse mit, scheint fachlich nicht sehr beschlagen, wirkt aber sehr sicher und überzeugend im Auftreten. – Wird der dritte die Synthese verkörpern? – Fachliche und menschliche Eignung? –

Wenn es Mikrofone gäbe, die bei Lügen explodierten!

Ein seltener Fall, daß ein Gremium zu solch einer Überzeugung kommt.

Die Doppelseitigkeit der Auffassungen wird am deutlichsten offenbar, wenn man die Tageszeitungen in der Beurteilung eines Sachverhalts oder einer Person studiert. Es ist durchaus möglich, daß ein und derselbe Vorgang am gleichen Tage aufs höchste gelobt und gänzlich verdammt wird, daß ein Politiker (bei anderen Kategorien des homo sapiens tritt das nicht so deutlich auf) am gleichen Tage, ja, zur selben Stunde, hohes Lob und schwersten Tadel erfährt.

Wenn man die Rundfunk- und Fernsehsendungen von Ost und West gegeneinander abwägt, wird dies noch deutlicher.

Nun sind Zeitungs- und Rundfunkberichte kein Dialog. Die Gegner stehen sich nicht Aug in Auge gegenüber. Leichtfertige oder einseitig festgelegte Journalisten (und nur die meinen wir hier) verspritzen die Tinte in die Gegend und traktieren die Mikrofone, ohne Gefahr zu laufen, daß diese bei zu vielen Lügen explodieren. (Man stelle sich einmal vor, was wäre, wenn es solche Mikrofone gäbe!)

In verantwortlichen Gremien, Ausschüssen, Parlamenten, in denen die Menschen sich gegenübersitzen, ist von vornherein der Wille zur Sachlichkeit, zur Wahrheit und Zweckmäßigkeit stärker gegeben. Das Auge des Partners oder des Gegners zwingt dazu.

Unterschiedliche Beurteilung

Belgrad: Eine jugoslawische Schuhfabrik hat kürzlich zwei Verkaufsfachleute nach Afrika entsandt, um die Absatzmöglichkeiten auf dem afrikanischen Markt zu erkunden. Nach einer Meldung der Belgrader Wochenzeitschrift »Ekonomska Politika« gelangten die beiden Experten zu einer völlig unterschiedlichen Beurteilung der Lage. Der eine meldete:
»Der Schuhexport nach Afrika hat keine Aussichten. Die Leute gehen alle barfuß.«
Der andere meinte: »Die Aussichten für den Schuhverkauf sind ausgezeichnet, weil alle barfuß gehen.«

ZEITUNGSMELDUNG V. 23. 10. 63

Das ist Ihre Meinung!

> Ich werde Ihre Meinung bis an das Ende meines Lebens bekämpfen – aber ich lasse mich dafür totschlagen, daß Sie diese Meinung haben und aussprechen dürfen.
>
> VOLTAIRE

Gewiegte Taktiker haben immer eine Antwort parat, mal fällt sie hart aus, mal besonders verbindlich. Eine durchaus gängige und vertretbare ist der Hinweis auf die unterschiedliche Meinung: »Sie denken so darüber. Bitte, das ist Ihr gutes Recht. Ich denke anders darüber, und ich nehme dieses Recht für mich in Anspruch. Wir leben schließlich in einem freien Staat.« Dabei kann auch das Grundgesetz zitiert werden. Doch soll man nicht zu oft von Freiheit, Demokratie, Menschenwürde und Toleranz reden.
Auch der Ton macht die Musik: Freundliche, höfliche Formulierungen, unterstützt durch entsprechende Gestik verfehlen selten die Wirkung: »Verehrter Herr Kollege! Diesmal (!) kann ich leider nicht zustimmen. Ich bitte um Verständnis dafür, daß ich eine andere Auffassung vertrete . . .« Auf so viel Höflichkeit kann der Gegner nicht hart antworten.

> Dies für den und das für jenen.
> Viele Tische sind gedeckt.
> Keine Zunge soll verhöhnen,
> Was der andern Zunge schmeckt.
>
> Lasse jedem seine Freuden.
> Gönn ihm, daß er sich erquickt,
> Wenn er sittsam und bescheiden
> Auf den eignen Teller blickt.
>
> Wenn jedoch bei deinem Tisch er
> Unverschämt dich neckt und stört,
> Dann so gib ihm einen Wischer,
> Daß er merkt, was sich gehört.
>
> WILHELM BUSCH

Wie schon Goethe sagte ...

Zitate in die Rede weben,
das geht mal gut und mal daneben.

In der Hitlerzeit gehörte es zum guten Ton, den »Führer« bei jeder passenden oder unpassenden Gelegenheit zu zitieren. Mochten die Beweisgründe auf noch so schwachen Füßen stehen: Das »Führerwort« verlieh ihnen Gewicht. – Im kommunistischen Bereich sind es Marx, Engels, Lenin und die herrschenden Größen, die immer wieder herhalten müssen. – Wie eindrucksvoll ist es doch, wenn man die gleiche Auffassung vertritt wie Goethe oder Schiller, wie Bismarck oder Stein. – Gegen ein gelegentliches und treffendes Zitat ist nichts einzuwenden. Wenn man sich auf eine Rede, eine Debatte vorbereitet, sollte man sich das passende Zitat vorher genau überlegen. Nichts ist ärgerlicher, als wenn jemand da ist, der den Ausspruch korrigieren kann oder der vielleicht darauf hinweist: Das Zitat stammt nicht von Goethe, sondern von Wilhelm II.

Es gibt Menschen, die wie ein wandelndes Gesetzbuch nur zu gern die Paragraphen aller möglichen Bücher zitieren. Das imponiert zunächst stark. Bis mal einer auf den Gedanken kommt, die Paragraphen zu notieren und nachzuschlagen. Peinlich, wenn es nicht stimmt. Deshalb, Vorsicht mit Zitaten, Vorsicht mit Paragraphen. Ein »zu viel« und »zu oft« löst beim Zuhörer skeptische Reaktionen aus.

Mit dem Kopf des Gegners denken

Was für den Redner in einer Massenversammlung gilt, das trifft auch für den Teilnehmer an einer Diskussion zu: Er muß sich bemühen, bei seinen Gegnern und den Zuhörern *»anzukommen«*. Er muß verständlich sprechen. Wenn er Fremdwörter gebraucht, muß er überlegen, ob sie allgemein verstanden werden. Wenn er Persönlichkeiten anführt, muß

er mit deren Namen ihre Leistung, ihre Bedeutung oder ihr Lebensbild zumindest andeuten.
Es empfiehlt sich also nicht, nur den Namen Marx zu erwähnen. Man sollte vielmehr von Karl Marx, dem großen Sozialkritiker und Revolutionär des 19. Jahrhunderts sprechen. Freiherr vom Stein ist der Begründer der Städteordnung, Befreier der Bauern und Gegner Napoleons. Bismarck ist z. B. der große Außenpolitiker und Baumeister des Deutschen Reiches. Graf Stauffenberg ist der tapfere Offizier und Widerstandskämpfer gegen Hitler. Schon diese kurze Erläuterung des Namens macht die Ausführungen lebendiger, bildhafter und trägt zum Verständnis bei. Eine eingeflochtene Anekdote unterstützt dieses Bemühen.
Um die Wirkung der eigenen Ausführungen auf den Gegner abzuschätzen, muß man sich in dessen Lage versetzen, also die Rollen vertauschen. Man erkennt sofort, daß es keinen Wert hat, ihn zu verletzen, wenn man von ihm etwas will oder gar seine Stimme benötigt. Man überlege sich die eigene

Reaktion, wenn man angegriffen würde. Eine andere darf man vom Gegner auch nicht erwarten. Wer sagt schon auf einen Angriff »Danke schön!«.

Hüte dich vor einem Mann,
der im Zorne lächeln kann.

Widersprüche herausstellen

Diskutieren und debattieren heißt nicht nur sprechen, sondern auch hören, horchen, aufpassen. Das letztere vor allem, um zu erfahren, ob sich in den Ausführungen des Gegners nicht Widersprüche ergeben. Diese können innerhalb der Diskussion auftreten. Dann ist es leicht, ihn festzulegen. Wenn man sich näher kennt, kann man auch auf eine zeitlich zurückliegende Äußerung zurückgreifen: »Was stimmt nun: Die Aussage von der letzten Sitzung oder die von heute?« Damit wird die Glaubwürdigkeit des Gegners demonstrativ in Frage gestellt. Ist dieser schlagfertig, dann antwortet er: »Ich bin zu einer neuen Erkenntnis gekommen. Nur ein Narr ändert seine Meinung nicht!« Dies alles natürlich in einem heiteren Ton vorgetragen, ohne »tierischen Ernst«, dann wird es auch nicht übel genommen.

Es gibt Menschen, für die nicht nur die Taktik der Diskussion, sondern das »Taktieren« schlechthin zur Gewohnheit geworden ist. Soweit sie dabei ehrlich um die Sache bemüht bleiben, soweit sie dabei niemand verletzen, mag es noch angehen. Unschön wird die Situation, wenn das Gefühl aufkommt, nicht die Sache, sondern die Spiegelfechterei stehe im Vordergrund. Das »Feixen« muß seine Grenzen haben, sonst fällt es auf den zurück, der sich zu weit vorwagt. Die Grenze wiederum ist situationsbedingt. Herrscht eine gelockerte Stimmung, wird ein kleines taktisches Gefecht, mit Humor gewürzt, gern hingenommen. Doch gibt es Menschen, die auch das nicht vertragen. Die sollte man aus dem Spiel lassen.

Wer gar nicht scherzen kann,
der ist ein armer Mann,
und nur noch ärmer ist,
wer nichts als scherzen kann!

FRIEDRICH RÜCKERT

Harmlos

Ein Ratsherr, Pädagoge von Beruf, berichtet als Vorsitzender eines Ausschusses. Dabei sucht er krampfhaft nach einem Schriftstück. Vergeblich! Von der Gegenseite tönt es herüber:
»Besser Schularbeiten machen!«

Gewagt!

Das kann ich gut verstehen,
daß Sie das nicht »verstehen«!

Entschieden zu weit!

Das kann ich gut verstehen,
daß »Sie« das nicht verstehen!

Takt besteht darin, daß man weiß,
wieweit man »zu weit« gehen darf!

JEAN COCTEAU

Mit Klugheit und Humor (Anekdoten und Zitate)[1]

Rededuell

In einer Volksversammlung, in der es wegen politischer Fragen hoch herging, rief der griechische Staatsmann und größte Redner Athens *Demosthenes* (384–322 v. Chr.) seinem Gegner *Phokion* erregt zu: »Dich werden die Athener umbringen, wenn sie eines Tages in Wut geraten!«
Phokion entgegnete schlagfertig: »Und dich, Demosthenes, wenn sie einmal zu Verstande kommen!«

Goethe als Festredner

Am 24. Februar 1784 wurden die Ilmenauer Bergwerke nach langem Stilliegen mit einem Festakt wiedereröffnet. *Goethe* hielt dabei die Festrede.
Zunächst ging diese in schönem Flusse dahin. Doch plötzlich hielt der Dichter und Minister inne. Er hatte den Faden verloren und ließ seine großen Augen in die Runde gehen, wo Hunderte von Gesichtern ihn ängstlich-gebannt anschauten. Endlich fand er den Anschluß und führte seine Rede zu Ende.
An der Festtafel konnte ein Kammerherr die schadenfrohe Frage nicht unterdrücken: »Es muß doch schrecklich gewesen sein, was Sie empfunden haben, als Sie in solch unerwünschter Situation dastanden.« – »Allerdings!« meinte Goethe. »Ich fühlte meinen Kopf so völlig leer, daß ich glaubte, ein ›*Kammerherr*‹ zu sein...«

Kluge Vorsicht

Ein Abgeordneter, mit der Vorbereitung seiner Jungfernrede beschäftigt, erhielt den Besuch eines Freundes, der nach einem Blick auf das Manuskript befremdet den Kopf schüttelte:
»Du streichst ja die Hälfte aus deinem Text wieder weg?«

[1] Die meisten Zitate und Anekdoten dieses Abschnitts sind entnommen dem »Redeskizzendienst«, Bonn, sowie der Wochenzeitung »Das Parlament«.

»Mit Bedacht, mein Lieber! ... Was man nämlich *nicht* sagt, kann von keinem heruntergerissen werden ...«

Der Mantel der Liebe

Bei einer Wahlversammlung, die im März stattfand, sagte der Redner: »Nun komme ich zum Verhalten unserer *Koalitionspartei* in den vergangenen Jahren. Gewiß hat uns da manches nicht gepaßt. Doch ist es wohl richtig, daß wir angesichts der augenblicklichen Gegebenheiten den *Mantel der Liebe* darüber decken ...«
Zwischenruf: »Und was wird dann im Sommer, wenn man keinen Mantel mehr braucht?«

Drohung

Abgeordneter: »Wenn das so weiter geht, dann mach ich nicht mehr mit!«
Zuruf: »Welch eine Drohung!«

Nur ein Esel

Der große amerikanische Präsident Abraham Lincoln (1809 bis 1865) schloß auf einer Wahlreise in einem ländlichen Bezirk seine Ausführungen mit folgenden Worten: »... Ich glaube nicht, daß jemand sich der Wahrheit meiner Worte verschließen kann. Wenn doch, so melde er sich furchtlos zu Worte!«
In diesem Augenblick erscholl draußen vor dem Gasthaus das laute I–A eines Esels.

Das ausbrechende Gelächter im Saale kann man sich vorstellen. Lincoln ließ es eine Weile toben, dann, als Ruhe eintrat, rief er: »Natürlich, nur ein Esel kann etwas gegen meine Gründe einzuwenden haben!«

Messer ohne Heft und Klinge

MdB Wehner: »Wir haben uns damals gegen die Art gewandt, in der mit einem Beweissicherungsgesetz der Eindruck erweckt wurde, als sei das eine wesentliche Maßnahme, während es in Wirklichkeit beinahe ein Messer ohne Heft war, dem dazu noch die Klinge fehlte.«

Die Kunst der Opposition

»Opposition ist die Kunst, dem Gegner das Bein so zu stellen, daß der Wähler als Schiedsrichter dabei kein Foul sieht.«

HENRI TISSOT, französischer Kabarettist

Leeres Stroh

»Sie dreschen ja leeres Stroh!« schallte es aus einer Ecke zum Rednerpult hin.

»Ja, lieber Freund, was soll ich sonst mit Köpfen Ihrer Art machen?«

Mit Humor

In einer Ratsversammlung kritisierte ein Ratsherr eine bauliche Maßnahme. Dabei ging er zu weit und sprach von Dummheit und Idiotie. Das brachte ihm eine Rüge des Bürgermeisters ein. Der Ratsherr entschuldigt sich. Darauf der Bürgermeister: »Einen reuigen Sünder hat Gott lieb!«

Der halbe Gemeinderat

Peter Rosegger war wütend auf seinen Gemeinderat. Er ließ sich zu der Behauptung hinreißen: »Der halbe Gemeinderat ist verrückt!« Prompt wurde er von den Herren aufgefordert zu widerrufen. Rosegger tat es mit folgenden Worten: »Ich nehme alles zurück. Der halbe Gemeinderat ist nicht verrückt!«

Seit zehn Jahren

Frau . . . im Bundestag: »Seit zehn Jahren kämpfe ich für das uneheliche Kind!«
Zuruf: »Wann kommt es denn endlich?«

Klatsch

Aristoteles erfuhr, daß während seiner Abwesenheit jemand über ihn geklatscht habe. »Was tut's!« meinte er. »Von mir aus kann er mich auch verhauen, wenn ich nicht da bin.«

Nur der Gewalt

Als General Wrangel 1848 in Berlin einmarschierte, erklärte die Bürgergarde: »Wir weichen nur der Gewalt!« Wrangels Antwort: »Die ist da!«

Gut pariert

Mirabeau wurde vorgeworfen, er ließe sich seine Reden von einem andern ausarbeiten. Er konterte: »Dann holt euch auch die Antworten von dem, der meine Reden macht!«

14 Punkte

Clemenceau war auf Wilson nicht gut zu sprechen. »Er geht mir auf die Nerven! Der liebe Gott begnügte sich mit 10 Punkten. Wozu braucht Wilson 14?«

Durch die Nase

Oscar Wilde betrachtete auf einer Reise durch die USA das Standbild Washingtons. Sein Begleiter meinte: »Ein großer Mann. Nie ist eine Lüge über seine Lippen gekommen.« Wilde entgegnete spöttisch: »Wahrscheinlich hat er, wie alle Amerikaner, durch die Nase gesprochen.«

Meister der Dialektik

Der erste Begleiter des Zorns ist Torheit,
der zweite Reue.

Das Wort Dialektik ist uns in den vorigen Kapiteln schon beiläufig begegnet. Allgemein versteht man darunter die Diskutierkunst, aber auch das Denken in gegensätzlichen Begriffen, um aus den Gegensätzen zur Lösung, zur Klärung, zur Synthese zu kommen.

Uns interessiert vor allem die Dialektik als Unterredungskunst. Wer diese beherrscht und mit Geschick und Erfolg diskutiert, den kann man auch als guten Dialektiker bezeichnen.

Das Gegenteil der dialektischen Methode ist die »Holzhammermethode«, die bekanntlich nie zum Ziele führt. Die deutsche Sprache bietet dafür weitere Ausdrücke an, wie: tölpelhaft, ungeschickt, unüberlegt, stur, wie ein Elefant im Porzellanladen, auf den Kopf gefallen, in krassen Fällen: wie die Axt im Walde. –

Ein solches Verfahren löst automatisch eine »Antistellung« des Gegners oder Partners aus und führt zum Mißerfolg. Das wurde schon zu Genüge in diesem Buche herausgestellt.

Der gute Dialektiker handelt anders: Er ist beherrscht, ungezwungen, läßt sich nicht zu einem Zornausbruch verleiten, er versetzt sich in die taktische Lage des Gegners, achtet dessen Meinung und hütet sich vor allem, dessen *»Selbstgefühl«* zu verletzen. Darin ist jeder Mensch sehr empfindlich.

Hat er den Gegner überzeugt oder gewonnen, darf er weder durch Mimik noch Gestik zu erkennen geben, daß er einen Sieg davongetragen hat.

Welche Folgen die mangelnde Selbstbeherrschung haben kann, zeigt uns eine Anekdote aus der Französischen Revolution:

> Maximilian Robespierre, den man ob seiner konsequenten Grausamkeit den »Unbestechlichen« nannte und des-

sen Beweisführung auf dem Satze gründete: »Wer zittert, ist schuldig!«, hatte einen Deputierten zum Tode verurteilt. Als dieser abgeführt werden sollte, schleuderte er seinem Richter ins Gesicht: »Henker Frankreichs, schuldbeladener Schurke, komme ich in den Himmel, nachdem man mich geköpft hat, so werde ich dafür Sorge tragen, daß du Erzschelm nie die himmlischen Tore sehen sollst. Komme ich in die Hölle, so werde ich selbst den besten Brennstoff für dich herbeischaffen, Schurke Robespierre, Rache ist süß.«

Robespierre war abergläubisch. Blitzschnell überlegte er sich die Folgen und – begnadigte den Verurteilten. Der wurde der Fesseln entledigt. Eilig schritt er zu Robespierre, ergriff dessen Hand, küßte sie und stammelte: »Dank deinem Aberglauben!«

Das machte den »Unbestechlichen« nüchtern: »Was wagst du mir zu sagen?« Den begleitenden Soldaten rief er zu: »Fesselt diesen Kerl. Er ist sofort zu enthaupten!«[1]

Dialektik ist vor allem auch die Kunst, den Gegner durch Rede und Gebaren zu überzeugen und zu gewinnen. Sie erfordert auch ein hohes Maß von Selbstbeherrschung. Der Dialektiker denkt bei jedem Wort, bei jeder Handlung einen Schritt weiter.

Es gibt auch eine Dialektik der *Leserbriefe.* Was nutzt schon ein solches Schreiben an die Zeitung, wenn es dem Gegner Anlaß und Möglichkeit bietet, zu antworten und zu widerlegen. Leserbriefe eignen sich nur dann als politisches Kampfmittel, wenn sie in Ton und Inhalt dem Gegner eine Erwiderung nicht ermöglichen. Deshalb: »Einen Schritt weiterdenken!« –

Wer Menschen führen kann, ist auch ein guter Dialektiker. *Abraham Lincoln,* der Mann, der nur ein Jahr eine Schule besucht hatte und trotz dieser kurzen Schulbildung Präsident der USA wurde, faßte die Erfahrungen seines Lebens im

[1] Nach: Heribert Hoffmeister, Anekdotenschatz, Berlin, 1957, S. 88.

Er verlor den Kopf, weil er »den Kopf verlor«!

Umgang mit Menschen in der berühmten *»Goldenen Regel«* zusammen[2]:

> »Wenn man beabsichtigt, das Verhalten der Menschen zu beeinflussen, sollte man immer zu Überredung, zu freundlich anspruchsloser Überredung Zuflucht nehmen. Es ist eine alte goldene Regel, »daß man mit einem *Tropfen Honig* mehr Fliegen fängt, als mit einem Hektoliter Galle.« – So ist es auch bei den Menschen. Wenn man einen Mann für eine Sache gewinnen will, überzeuge man ihn zuerst, daß man sein aufrichtiger Freund ist. – Darin

[2] Zitiert nach: Albert Marx-Ruth Altmann, Ich und der Andere, Heidelberg, 1954. Das Buch enthält viele wertvolle Ratschläge zur Menschenführung.

liegt ein Tropfen Honig, der sein Herz gewinnt, und das, mag er sagen was er will, ist der gerade breite Weg, der zu seiner Vernunft führt; hat man einmal diesen Weg gewonnen, dann wird man geringe Mühe haben, den Mann in seiner Beurteilung von der Gerechtigkeit der Sache zu überzeugen, vorausgesetzt, daß es sich in der Tat um eine gerechte Sache handelt.

Versuche aber nie – im Gegensatz dazu – die Handlungsweise zu diktieren oder seiner Beurteilung etwas vorzuschreiben. Stellt man ihn vielleicht gar als einen verächtlichen Mann hin, dem man besser ausweicht, dann wird er sich in sich selber zurückziehen und alle Zugänge zu Kopf und Herz verschließen; und wäre die Sache die reine, nackte Wahrheit in Gestalt einer schweren Lanze, härter als Stahl und schärfer als Stahl geschmiedet werden kann, und würde man diese Lanze mit mehr als herkulischer Kraft und Präzision schleudern, so wäre man nicht imstande, ihn zu durchbohren, ebensowenig wie man mit einem Strohhalm in den Panzer einer Schildkröte eindringen kann.«

Die Dialektik offenbart sich in so vielen Gesichtern. Hier ein besonders interessantes, humorvolles Beispiel, das vor einigen Jahren in verschiedenen Versionen durch die Zeitungen ging:

Was ist Dialektik?

Bauern in einem Oststaat kommen zum Pfarrer und fragen: »Herr Pfarrer, was ist Dialektik?«

Der Pfarrer sagt: Liebe Freunde. Das kann man nicht so einfach erklären. Am besten, ich gebe euch ein Beispiel. Also, paßt auf: Zu mir kommen zwei Männer. Der eine ist sauber, der andere schmutzig. Ich biete ihnen ein Bad an. Was meint ihr, wer von beiden wird wohl das Bad annehmen?«

»Der Schmutzige!« sagen die Bauern.

»Falsch!« sagt der Pfarrer, »der Reine!« Denn der Reine ist gewöhnt zu baden, der Schmutzige nicht. Wer von beiden wird also das Bad annehmen?«

»Der Reine«, sagen die Bauern.

»Nein, der Schmutzige«, erwidert der Pfarrer, »denn der hat das Bad nötig. Der andere nicht. Also, wer nimmt das Bad an?«

»Der Schmutzige« meinen die Bauern.

»Nein, beide!« entgegnet der Pfarrer. »Der Reine ist gewöhnt zu baden, und der Schmutzige hat das Bad nötig. Also, wer nimmt das Bad an?«

»Beide«, antworten die Bauern.

»Nein, keiner von beiden«, sagt jetzt der Pfarrer, »denn der Schmutzige ist nicht gewöhnt zu baden, und der Reine braucht das Bad nicht!«

Jetzt wird es den Bauern zu bunt: »Herr Pfarrer, wie sollen wir das verstehen? Jedesmal sagen Sie etwas anderes, und jedesmal nur das, was in Ihren Kram paßt!«

»Ja«, lächelt der Pfarrer. »Das ist eben *Dialektik!*«

Auch die Grabrede des Mark Anton an der Leiche Cäsars ist ein, ja, das klassische Beispiel für eine meisterhafte, aber auch gefährliche Dialektik. Der geschichtliche Sachverhalt war allerdings anders, als Shakespeare ihn schildert. Das Volk stand nicht auf der Seite der Verschwörer. Doch wir folgen hier Shakespeares Drama:

Cäsar war von Brutus und seinen Freunden ermordet worden, weil sie fürchteten, er würde die Freiheit Roms zerstören und Alleinherrscher werden. Das Volk glaubt Brutus und jubelt ihm als Befreier zu. Brutus erlaubt Mark Anton, der innerlich den Mord an Cäsar ablehnt und eigene ehrgeizige Ziele verfolgt, die Leichenrede für Cäsar zu halten. Mark Anton berücksichtigt die Volksstimmung, lobt Brutus, feiert ihn anfangs als Befreier. Damit hat er die Sympathien der Menge.

Dann spricht er von Cäsar, von dessen Taten, dessen Testament, beschwichtigt aber immer wieder: »Doch Brutus ist ein ehrenwerter Mann!« – Von Satz zu Satz kommt er seinem Ziele näher. Bald hat er die Menge auf seiner Seite: Sie wendet sich gegen Brutus und die Mörder. Mit einer raffinierten Dialektik hat er den Gesinnungswandel der Masse erreicht. Seine Rede ist eigentlich mehr ein Sprechen Aug in Auge, ein wohl überlegter Dialog.

Doch hören wir ihn. Die Reden der Bürger sind gekürzt:

ANTONIUS:

Mitbürger! Freunde! Römer! hört mich an:
Begraben will ich Cäsarn, nicht ihn preisen.
Was Menschen Übles tun, das überlebt sie;
Das Gute wird mit ihnen oft begraben.
So sei es auch mit Cäsarn! Der edle Brutus
Hat euch gesagt, daß er voll Herrschsucht war;
Und war er das, so war's ein schwer Vergehen,
Und schwer hat Cäsar auch dafür gebüßt.
Hier, mit des Brutus Willen und der andern
(Denn Brutus ist ein ehrenwerter Mann,
Das sind sie alle, alle ehrenwert)
Komm ich, bei Cäsars Leichenzug zu reden.
Er war mein Freund, war mir gerecht und treu;
Doch Brutus sagt, daß er voll Herrschsucht war,
Und Brutus ist ein ehrenwerter Mann.
Er brachte viel Gefangne heim nach Rom,
Wofür das Lösegeld den Schatz gefüllt.
Sah das der Herrschsucht wohl am Cäsar gleich?
Wenn Arme zu ihm schrien, so weinte Cäsar,
Die Herrschsucht sollt' aus härterm Stoff bestehn.
Doch Brutus sagt, daß er voll Herrschsucht war,
Und Brutus ist ein ehrenwerter Mann.
Ihr alle saht, wie am Lupercusfest
Ich dreimal ihm die Königskrone bot,
Die dreimal er geweigert. War das Herrschsucht?
Doch Brutus sagt, daß er voll Herrschsucht war,
Und ist gewiß ein ehrenwerter Mann.

Ich will, was Brutus sprach, nicht widerlegen;
Ich spreche hier von dem nur, was ich weiß.
Ihr liebtet all ihn einst nicht ohne Grund:
Was für ein Grund wehrt euch, um ihn zu trauern? –
O Urteil, du entflohst zum blöden Vieh,
Der Mensch ward unvernünftig! – Habt Geduld!
Mein Herz ist in dem Sarge hier beim Cäsar,
Und ich muß schweigen, bis es mir zurückkommt.

Bürger:

Mich dünkt, in seinen Reden ist viel Grund.
Wenn man die Sache recht erwägt, ist Cäsarn
Groß Unrecht widerfahren.
Ich fürcht', ein Schlimmrer kommt an seine Stelle.
Habt ihr gehört? Er nahm die Krone nicht;
Da sieht man, daß er nicht herrschsüchtig war.
Wenn dem so ist, so wird es manchem teuer
Zu stehen kommen.

Antonius:

Noch gestern hätt' umsonst dem Worte Cäsars
Die Welt sich widersetzt: nun liegt er da,
Und der Geringste neigt sich nicht vor ihm.
O Bürger! strebt' ich, Herz und Mut in euch
Zur Wut und zur Empörung zu entflammen,
So tät' ich Cassius und Brutus unrecht,
Die ihr als ehrenwerte Männer kennt.
Ich will nicht ihnen unrecht tun, will lieber
Dem Toten unrecht tun, mir selbst und euch,
Als ehrenwerten Männern, wie sie sind.
Doch seht dies Pergament mit Cäsars Siegel;
Ich fand's bei ihm, es ist sein letzter Wille!
Vernähme nur das Volk dies Testament
(Das ich, verzeiht mir, nicht zu lesen denke),
Sie gingen hin und küßten Cäsars Wunden
Und tauchten Tücher in sein heil'ges Blut,
Ja, bäten um ein Haar zum Angedenken,
und sterbend nennten sie's im Testament
Und hinterließen's ihres Leibes Erben
Zum köstlichen Vermächtnis.

BÜRGER:

Wir wollen's hören: lest das Testament!
Lest, Mark Anton!
Ja, ja, das Testament!
Laßt Cäsars Testament uns hören!

ANTONIUS:

Seid ruhig, liebe Freund'! Ich darf's nicht lesen,
Ihr müßt nicht wissen, wie euch Cäsar liebte.
Ihr seid nicht Holz, nicht Stein, ihr seid ja Menschen;
Drum, wenn ihr Cäsars Testament erführt,
Es setzt' in Flammen euch, es macht' euch rasend.
Ihr dürft nicht wissen, daß ihr ihn beerbt;
Denn wüßtet ihr's, was würde draus entstehn?

BÜRGER:

Lest das Testament! Wir wollen's hören, Mark Anton.
Ihr müßt es lesen! Cäsars Testament!

ANTONIUS:

Wollt ihr euch wohl gedulden? wollt ihr warten?
Ich übereilte mich, da ich's euch sagte.
Ich fürcht', ich tret' den ehrenwerten Männern
Zu nah, durch deren Dolche Cäsar fiel;
Ich fürcht' es.

BÜRGER:

Sie sind Verräter! Ehrenwerte Männer!
Das Testament! Das Testament!
Sie waren Bösewichte, Mörder! Das Testament!
Lest das Testament!

ANTONIUS:

So zwingt ihr mich, das Testament zu lesen?
Schließt einen Kreis um Cäsars Leiche denn!
Ich zeig' euch den, der euch zu Erben machte.
Erlaubt ihr mir's? soll ich hinuntersteigen?

Er verläßt die Rednerbühne.

ANTONIUS:

Wofern ihr Tränen habt, bereitet euch,
Sie jetzo zu vergießen! Diesen Mantel,

Ihr kennt ihn alle; noch erinnr' ich mich
Des ersten Males, daß ihn Cäsar trug
In seinem Zelt, an einem Sommerabend –
Er überwand den Tag die Nervier –
Hier, schauet! fuhr des Cassius Dolch herein!
Seht, welchen Riß der tück'sche Casca machte!
Hier stieß der vielgeliebte Brutus durch;
Und als er den verfluchten Stahl hinwegriß,
Schaut her, wie ihm das Blut des Cäsars folgte,
Als stürzt' es vor die Tür, um zu erfahren,
Ob wirklich Brutus so unfreundlich klopfte.
Denn Brutus, wie ihr wißt, war Cäsars Engel. –
Ihr Götter, urteilt, wie ihn Cäsar liebte!
Kein Stich von allen schmerzte so wie der:
Denn als der edle Cäsar Brutus sah,
Warf Undank, stärker als Verräterwaffen,
Ganz nieder ihn; da brach sein großes Herz,
Und in den Mantel sein Gesicht verhüllend,
Grad am Gestell der Säule des Pompejus,
Von der das Blut rann, fiel der große Cäsar.
O meine Bürger, welch ein Fall war das!
Da fielet ihr und ich; wir alle fielen,
Und über uns frohlockte blut'ge Tücke.
O ja! nun weint ihr, und ich merk', ihr fühlt
Den Drang des Mitleids: dies sind milde Tropfen.
Wie? weint ihr, gute Herzen, seht ihr gleich
Nur unsers Cäsars Kleid verletzt? Schaut her!
Hier ist er selbst, geschändet von Verrätern.

Die Bürger sind empört.

BÜRGER:

Wir wollen Rache, Rache! auf und sucht!
Sengt! brennt! schlagt! mordet! laßt nicht einen leben!

ANTONIUS:

Seid ruhig, meine Bürger!
Ihr guten lieben Freund', ich muß euch nicht
Hinreißen zu des Aufruhrs wildem Sturm;
Die diese Tat getan, sind ehrenwert.
Was für Beschwerden sie persönlich führen,

Warum sie's taten, ach! das weiß ich nicht.
Doch sind sie weis' und ehrenwert und werden
Euch sicherlich mit Gründen Rede stehn.
Nicht euer Herz zu stehlen komm' ich, Freunde:
Ich bin kein Redner, wie es Brutus ist,
Nur, wie ihr alle wißt, ein schlichter Mann,
Dem Freund ergeben, und das wußten die
Gar wohl, die mir gestattet, hier zu reden.
Ich habe weder Witz noch Wort noch Gaben,
Noch Kunst des Vortrags, noch die Macht der Rede,
Der Menschen Blut zu reizen; nein, ich spreche
Nur gradezu und sag' euch, was ihr wißt.
Ich zeig' euch des geliebten Cäsars Wunden,
Die armen stummen Munde, heiße die
Statt meiner reden. Aber wär' ich Brutus,
Und Brutus Mark Anton, dann gäb' es einen,
Der eure Geister schürt' und jeder Wunde
Des Cäsar eine Zunge lieh', die selbst
Die Steine Roms zum Aufstand würd' empören.

Bürger:

Empörung!
Steckt des Brutus Haus in Brand!
Hinweg denn! kommt, sucht die Verschwornen auf!

Die glänzende Rhetorik und Dialektik der Römer fand ihre Fortsetzung rund 1800 Jahre später in den Reden der französischen Revolutionäre, die bewußt bei den großen Römern, den Kämpfern gegen die Tyrannei anknüpften. Dem Führer des Jakobinerklubs und Mitglied des Konvents, dem zweiunddreißigjährigen Advokaten Maximilian Robespierre aus Arras gelang es in seiner berühmt gewordenen Rede vom 3. Dezember 1792 den Konvent zu überzeugen, daß Ludwig XIV. auf dem Schafott sterben müsse, damit das Vaterland leben könne. Hier die wichtigsten Ausschnitte der Rede[1]:

Bürger! Der Gesetzgebungsausschuß ist von seiner eigentlichen Aufgabe abgewichen. Es gilt nicht, dem König den Prozeß zu machen.

[1] Zitiert nach: Maximilian Robespierre, Reden, Berlin, 1925.

Ludwig ist kein Angeklagter. Ihr seid nicht Richter! Ihr seid – ihr könnt nichts anderes sein als Staatsmänner, als Vertreter der Nation. Ihr habt nicht ein Urteil für oder gegen einen Menschen zu fällen, sondern ihr müßt eine Maßnahme des öffentlichen Wohls ergreifen, einen Akt der nationalen Vorsicht vollbringen. In einer Republik ist ein entthronter König eine Ursache der Gefahr. Er wird entweder die Staatsruhe gefährden oder versuchen, die Freiheit zu vernichten ...

... Ludwig war König, und die Republik wurde begründet. Die Frage, die euch beschäftigt, ist durch diese Worte schon erledigt. Ludwig wurde durch seine Verbrechen entthront. Ludwig denunzierte das französische Volk als Konterrevolutionär, er rief, um es zu bestrafen, die Armeen der Tyrannen, seiner Brüder. Der Sieg und die Massen haben entschieden, daß er der Rebell war. Ludwig kann nicht gerichtet werden, er ist schon verurteilt, oder wir haben keine Republik. Jetzt vorzuschlagen, den Prozeß gegen Ludwig XVI. zu beginnen, heißt nichts anderes, als zurückzugehen zum königlichen oder konstitutionellen Despotismus. Dies ist eine gegenrevolutionäre Idee, denn sie bedeutet nichts anderes, als der Revolution selbst den Prozeß zu machen. In der Tat, wenn noch die Möglichkeit besteht, daß Ludwig das Objekt eines Prozesses ist, so ist möglich, daß er Absolution erhält. Er kann unschuldig sein – was sage ich – noch mehr: bis zur Urteilsverkündung kann man annehmen, daß er nichts verbrochen hat. Wenn aber Ludwig für straflos erklärt werden kann, wenn Ludwig als unschuldig gelten kann, was wird dann aus der Revolution? Wenn Ludwig unschuldig ist, dann sind alle Verteidiger der Freiheit Verleumder, dann sind alle Königstreuen, alle Konterrevolutionäre Freunde der Wahrheit und Verteidiger der unterdrückten Unschuld, dann sind alle Manifeste, Pamphlete und Intrigen der fremden Höfe nichts anderes als legitime und gerechte Beschwerden. Dann war die Verhaftung Ludwigs eine Ungerechtigkeit, eine Bedrückung und die Volksgemeinden von Paris, alle Patrioten Frankreichs, sie sind die Schuldigen ...

... Der Prozeß Ludwig XVI. ist ein Appell des Königtums an die Konstituante. Indem ihr dem Advokaten Ludwigs XVI. eine Arena eröffnet, eröffnet ihr den Kampf des Despotismus gegen die Freiheit, ihr anerkennt das Recht der Verleumdung und der Blasphemie gegen die Republik. Denn das Recht, den gestürzten Despoten zu verteidigen, schließt ein das andere Recht, alles zu seiner Verteidigung sagen zu dürfen. Ihr belebt alle besiegten Fraktionen, ihr ermuntert sie, ihr flößt dem besiegten Monarchismus neue Kraft ein, ihr anerkennt das Recht, frei und unbehindert für oder gegen den König Stellung zu nehmen. Es ist nichts legimiter, nichts gerechter, als daß jetzt alle Verteidiger des Königtums hier auf diese Tribüne treten können, um ihre Meinung zu sagen. Was ist das für eine Republik, in der ihre Begründer selbst die Feinde dieser Staatsform rufen, damit sich die Feinde in der Wiege der Republik selbst verteidigen können ...

... Alle blutgierigen Horden des fremden Despotismus sind bereit, im Namen Ludwigs XVI. gegen uns Krieg zu führen. Ludwig kämpft gegen uns aus der Tiefe seines Gefängnisses und man fragt, ob er schuldig ist, man fragt noch, ob man ihn als Feind behandeln kann? Ich glaube nicht, daß die Republik ein Wort ist, mit welchem man spielen kann, ich glaube nicht, daß die Republik zum Spaß existiert. Das, was man hier macht, ist die beste Methode, um die Monarchie wieder herzustellen.

Man führt zur Verteidigung Ludwigs die Verfassung an. Ich will nicht alle Argumente erörtern, nur ein Wort: Ja, die Verfassung verbietet euch überhaupt alles, was ihr bis jetzt getan habt. Ihr habt überhaupt nicht das Recht, den König in Gefangenschaft zu halten, er hingegen hat das Recht, seine sofortige Freilassung, seine Entschädigung zu verlangen. Die Verfassung verurteilt euch! Nun gut: stürzt euch alle Ludwig XVI. zu Füßen, verlangt Erbarmen von ihm!

Ich für mein Teil würde mich schämen, mit diesen Spitzfindigkeiten zu spielen, ich würde diese Art der Diskussion den Höfen in London, in Wien und in Berlin überlassen. Diese Diskussion ist ein Skandal.

Man sagt, dieser Prozeß sei eine gewaltige Affäre, die man mit einer weisen und langsamen Vorsicht behandeln muß. Aber ihr seid ja diejenigen, die daraus eine gewaltige Affäre machen – was sage ich –, ihr seid überhaupt diejenigen, die daraus eine Affäre gemacht haben. Was ist daran großes? Ist es vielleicht die Persönlichkeit? In den Augen der Freiheit gibt es kein kleineres Individuum, in den Augen der Menschheit gibt es kein verdammenswerteres. Es kann nur denjenigen Achtung einflößen, die noch niedriger sind als es selbst. Ist es aber vielleicht die Notwendigkeit des Resultats, die Angst vor dem Resultat? Nun gut, dann ist dies nur ein Grund mehr, um das Resultat zu beschleunigen.

Welches ist überhaupt der Grund der ewigen Diskussionen und eurer Zweifel? Fürchtet ihr das Gefühl des Volkes zu verletzen? So wißt, daß gerade das Volk nichts anderes fürchtet als die Feigheit und den Ehrgeiz seiner Vertreter! Das Volk ist keine Sklavenhorde, welche stupide an den Tyrannen gekettet ist, den es selbst gestürzt hat. Ihr sprecht von der allgemeinen Meinung, von der öffentlichen Meinung? Wenn diese öffentliche Meinung irrt, so ist es an euch, sie zu korrigieren. Fürchtet ihr die gegen euch verbündeten Könige? Nun gut, damit sie euch besiegen können, braucht ihr euch nur den Anschein zu geben, als ob ihr sie fürchtet. Damit ihr eine Niederlage erleidet, braucht ihr nur den Komplizen, den Bundesgenossen der fremden Könige eure Achtung zu schenken! Fürchtet ihr aber vielleicht die fremden Völker? Nun gut, wenn ihr das tut, so glaubt ihr an eine angeborene Liebe für die Tyrannei. Warum habt ihr dann den Ehrgeiz, die Menschheit zu befreien? Was ist das für ein Widerspruch, daß ihr glaubt, die Völker, die nicht entsetzt waren über die Proklamierung der Menschenrechte, würde Entsetzen packen wegen der Bestrafung eines der größten Verbrecher? Und fürchtet ihr vielleicht das Urteil der Nachwelt? Die Nachwelt, sie wird sich wundern. Sie wird sich aber wundern über unsere Schwäche, über unsere Vorurteile und über unsere Unschlüssigkeit ...

... Ludwig muß sterben, damit das Vaterland lebe: In ruhigen Zeiten, wenn wir geachtet und gefestigt sind nach innen und nach außen, dann müßte man vielleicht die generösen Ratschläge in Erwägung ziehen. Aber heute, wo man uns unsere Freiheit nicht lassen will, heute, wo nach so vielen blutigen Kämpfen die Strenge des Gesetzes noch immer nur die Unglücklichen trifft, heute, wo die Verbrechen der Tyrannei noch Objekt einer Diskussion sein können, in einem solchen Moment kann man über Barmherzigkeit nicht sprechen, in einem solchen Moment will das Volk, daß man es rächt. Ich verlange, daß ihr euch sofort über das Schicksal Ludwigs schlüssig werdet. Seine Frau werden wir den Gerichten übergeben und ebenso alle, die mit ihr in Verbindung standen. Sein Sohn wird bis zum Moment des äußeren und inneren Friedens im Temple bewacht werden. Ludwig XVI. muß sofort von der

Nationalversammlung als Verräter der Nation, als Verbrecher gegen die Menschheit proklamiert werden und das Urteil soll auf dem Platze vollzogen werden, auf welchem am 10. August die großen Märtyrer der Freiheit starben ...

Robespierre beruhigt zunächst die Mitglieder des Konvents, daß sie keine Richter seien, sondern Staatsmänner. Sie hätten eine Maßnahme des öffentlichen Rechts zu treffen. Ludwig habe sich durch seine Verbrechen selbst entthront. Er habe gegen die Republik konspiriert. Würde er freigesprochen, wären die Revolutionäre, der Konvent, das Volk schuldig. »Ludwig muß sterben, weil das Vaterland leben muß!« Dieser revolutionären Logik und Dialektik konnten sich die meisten Mitglieder des Konvents nicht verschließen. Nach tagelangem Abstimmen erfüllte sich das Schicksal Ludwigs mit knapper Mehrheit.

Wer wird bei der demagogischen und von gefährlicher Dialektik erfüllten Rede Robespierres nicht an ähnliche dialektische Überredungskünste Hitlers erinnert?

Doch es gibt auch eine anständige, eine menschliche Dialektik, eine Haltung, die sich z. B. mit der Abraham Lincolns trifft.

Man wird den Humoristen, Maler und Dichter *Wilhelm Busch* nicht als Dialektiker bezeichnen dürfen, doch einige seiner Verse verraten soviel Lebensweisheit, daß sie einem echten und ehrlichen Dialektiker alle Ehre machen würden. Er kannte die Schwächen und Neigungen der Menschen. Seine Ratschläge bauen auf dieser Kenntnis auf und weisen den Weg zu einem friedlichen Zusammenleben. Ein paar Verse mögen es unterstreichen:

Die *Selbstkritik* hat viel für sich.
Gesetzt den Fall, ich tadle mich,
So hab ich erstens den Gewinn,
Daß ich so recht bescheiden bin;
Zum zweiten denken sich die Leut,
Der Mann ist lauter Redlichkeit;
Auch schnapp ich drittens diesen Bissen
Vorweg den andern Kritiküssen;
Und viertens hoff ich außerdem

Auf Widerspruch, der mir genehm.
So kommt es denn zuletzt heraus,
Daß ich ein ganz famoses Haus.

Tröstlich

Nachbar Nickel ist verdrießlich,
Und er darf sich wohl beklagen,
Weil ihm seine Pläne schließlich
Alle gänzlich fehlgeschlagen.
Unsre Ziege starb heut morgen.
Geh und sag's ihm, lieber Knabe!
Daß er nach so vielen Sorgen
Auch mal eine Freude habe[1].

Bin ich nicht genug gestraft?

François Arouet, genannt Voltaire, 1694 bis 1778, schlenderte während eines Englandaufenthaltes im Jahre 1727 durch den Londoner Hydepark und traf auf eine riesige Ansammlung, vor der auf einem Baumstumpf hochgereckt ein Mann stand. Mit wilden Gebärden hielt er eine Ansprache, die immer wieder in Beschimpfungen der Franzosen gipfelte. Die allgemeine politische Lage hatte eine solche Stimmung erzeugt.

Als Voltaire nicht an sich halten konnte und einige bissige Zwischenrufe machte, wandte sich die »kochende Volksseele« sofort gegen ihn und unter wütenden Rufen drohte man, ihn zu lynchen.

Voltaire gelang es, auf eine Bank zu springen, wo er sich der Menge zuwandte, die Arme beschwörend zum Himmel reckte und mit voller Kraft rief:

[1] Wilhelm Busch, Das Gesamtwerk des Zeichners und Dichters in sechs Bänden, Stuttgart, 1962, Bd. 6.

»Engländer, habt lieber Mitleid mit mir. Bin ich nicht genug gestraft dadurch, daß ich *kein* Engländer bin?!«
Die Menschen stutzten, dann setzte tosender Beifall ein. Man ließ ihn abziehen, während man ihm die Hüte nachschwenkte.

Voltaire im Hyde-Park: »Bin ich nicht genug gestraft dadurch, daß ich kein Engländer bin?«

Themenvorschläge

FÜR GESPRÄCH UND DISKUSSION

Die Vorzüge von Gespräch, Diskussion und Debatte gegenüber dem monologischen Verfahren, dem Vortrag, liegen auf der Hand. Der gute Wille mag da sein. Doch, so bekommt man oft zu hören: »Worüber sollen wir diskutieren?«

Nun, aus dem Ärmel kann man die Themen nicht schütteln. Es bedarf schon einer gewissen Überlegung. Manchmal ergibt sich eine interessante Frage aus einer besonderen Situation. Man sollte sich diesen Gedanken sofort notieren, sofern es nicht möglich ist, sogleich darüber zu sprechen.

Der folgende Katalog von Themen ist das Ergebnis einer langen und bewußten Sammeltätigkeit. Er ließe sich noch weiter ausbauen. Die Fragen sind vor allem für Schulen und Jugendgruppen gedacht. Sie sind nicht den Altersstufen gemäß gegliedert, sondern nach Sachgebieten und umfassen Interessengruppen von Jugendlichen im Alter von zehn bis zwanzig Jahren und älter. Manches Thema eignet sich für jede Altersstufe. Nur muß dann die Diskussion naturgemäß anders angelegt werden.

Viele dieser Themen gewinnen an Reiz, wenn man sie, wie im Kapitel »Gespräch oder Diskussion nach einer Kurzgeschichte«, in eine kurze Erzählung kleidet. Immer jedoch ist dies nicht möglich, bei Größeren auch nicht nötig.

Viele stehen nicht als Frage. In zwei, drei Sätzen formuliert stellen sie schon eine anregende Gesprächslage dar. Sie können mit etwas Phantasie weiter ausgebaut und auf die örtlichen Verhältnisse zugeschnitten werden.

Man sollte sich auch immer überlegen, nach welchem Schema man das Gespräch oder die Diskussion lenken will.

Zunächst also Themen für *Gespräch* und *Diskussion:*

(Ein * vor der Zeile bedeutet: schon für Zehnjährige geeignet.)

Das Zusammenleben in Familie und Haus

*Ist es richtig, wenn ich für kleine Hilfsdienste von meinen Eltern eine Belohnung erwarte?

*Meine Mutter will, daß ich das Klavierspielen erlerne. Ich habe keine große Lust.

*Meine Schwester spielt Klavier. Wenn sie übt, müssen wir das Zimmer verlassen. Ist das richtig?

Vater ist der Alleinverdiener. Hat er deshalb mehr Rechte als Mutter?

*Habe ich Anspruch auf Taschengeld?

*Hans bekommt monatlich 10 DM Taschengeld. Ich nur 2 DM.

*Horst darf erst zum Spielen, wenn er die Schularbeiten erledigt hat. Ist das nicht Freiheitsberaubung?

*Lutz möchte Tennis spielen. Der Beitrag beträgt im Jahr 50 DM. Er verlangt das Geld von seinen Eltern.

Herbert darf nicht mit dem Sohn des Nachbarn spielen, weil dessen Vater einer anderen Partei angehört (weil dessen Eltern arm sind).

Unser Untermieter bekommt öfter Damenbesuch. Sollen meine Eltern das erlauben?

Unser Wohnungsnachbar schüttet die Asche in unseren Mülleimer.

Herr Krüger, der in der gleichen Etage wohnt wie wir, nimmt öfters unsere Zeitung aus dem Briefkasten und liest sie.

Die Großeltern von Ulrich wohnen im Altersheim, obwohl Ulrichs Vater ein geräumiges Haus besitzt.

Horst ist aus der Schule entlassen. Er grüßt seine Lehrer nicht mehr.

*Am Sonnabend gibt es bei Familie König immer Streit, wer von den sechs Personen zuerst baden darf. Fritz braucht eine Stunde dazu.

*Fritz will die Zeitung immer zuerst lesen. Er ist der Älteste. Die anderen sollen warten.

*Fritz hat alle Untugenden. Selbst beim Essen möchte er die Zeitung lesen.

*Fritz hat ein Buch in der Bücherei ausgeliehen. Die Frist ist längst verstrichen. Er läßt sich zweimal zur Rückgabe mahnen.

*Horst wurde die Aufgabe übertragen, im Winter den Bürgersteig zu reinigen und bei Glatteis zu streuen. Er führt seine Arbeit sehr nachlässig aus.

Renate gibt eine Party. Es geht dabei sehr laut und lustig zu. Obwohl in der Einladung stand: von 16 bis 20 Uhr, bleiben einige Freunde bis 22 Uhr.
Egon ist 21 Jahre, wohnt bei seinen Eltern. Er verjubelt seinen Verdienst meist im Gasthaus.
Rolf leistet keinen Handstreich in der Familie, erwartet aber, daß das Essen immer pünktlich auf dem Tisch steht.
Worin besteht die häusliche Gemütlichkeit?
*Norbert und Ulrich streiten sich. Als Mutter dazu kommt und Ulrich Vorhaltungen macht, antwortet er: Ich habe doch nicht angefangen!

Gewissensbildung, menschliche Schwächen

*Gerhard schmückt sich gern mit fremden Federn.
Horst hält nicht viel von Religion. In seinem Auto aber hat er ein Maskottchen hängen.
Gisela liest regelmäßig die Horoskope und glaubt daran.
Frau Heider geht regelmäßig zur Kirche, aber auch oft zur Wahrsagerin.
Im Betrieb wird über Kirche und Religion gespottet. Ulrich ist das sehr peinlich. Wie soll er sich verhalten?
Ralf hat sich das Fluchen angewöhnt. Was würdest du tun, wenn du sein Arbeitskollege wärst?
Ist das Beten noch modern?
Ralf sagt: Im Wald kann ich besser beten als in der Kirche.
*Am Sonntag schlaf ich lieber aus, als daß ich zur Kirche gehe.
Wie kann man den Sonntag in der Familie am besten gestalten?
Der Angestellte Schreiber streicht am Sonntag sein Haus, obwohl er am Sonnabend frei hat.
*Muß man den Eltern immer gehorchen?
*Wie kann ich den Eltern Freude bereiten?
*Im Nachbarhaus wohnt eine alte, alleinstehende und kranke Frau.
*Die beiden Jungen Fritz und Franz geraten in Streit und schlagen rücksichtslos aufeinander los.
*Erich spielt mit der Dienstpistole seines Vaters.
*Der Holzfuhrmann Waldreich fährt mit seinem Langholzwagen ohne Schlußlicht und rotes Tuch.

Der Maurer Ziegel nimmt an einem Richtfest teil. Es wird viel getrunken. Angeheitert besteigt er sein Moped.
Schlosser Walzmann arbeitet an einer Werkzeugmaschine. Er hat das Schutzgitter abgenommen, obwohl das streng verboten ist.
Frau Helmold arbeitet ohne Kopftuch an einer gefährlichen Maschine.
Fritz raucht vierzig Zigaretten am Tag.
Was ist Notwehr?
Kraftfahrer Schnelle setzt mit seinem Lastwagen ein Stück zurück. Er weiß, daß dort oft Kinder spielen. Trotzdem schaut er nicht nach.
Kraftfahrer Lässig weiß, daß die Bremsen seines Wagens nicht ziehen. Trotzdem fährt er den Wagen.
Der Jungarbeiter Flink rast »mit 90 Sachen« durch die Stadt.
*Gerd treibt die Kühe auf die Wiese. Mit einem dicken Stock schlägt er mutwillig auf die Tiere.
Der Kutscher Wilde fährt Steine zum Bau. Es geht steil bergan. Die Pferde schaffen es nicht. Wilde greift zur Peitsche und schlägt wüst auf die Tiere ein.
Ingolf hat leichtfertig einen Verkehrsunfall verursacht. Ein Mensch wurde dabei schwer verletzt.
Wohl dreißig Wagen fuhren an einem Unfall auf der Landstraße vorbei und nahmen keine Notiz davon.
Ein Kraftfahrer verunglückte schwer. Da die vorbeifahrenden Autos nicht anhielten, verblutete er.
Max läßt auf der benachbarten Wiese seinen Drachen steigen, obwohl eine Hochspannungsleitung daran vorbeiführt.
Vier Stunden spielte ein vierjähriger Junge zwischen den Schienensträngen des Bielefelder Hauptbahnhofs. Zahlreiche Passanten hatten das Kind auf dem Bahnhofsgelände gesehen und nichts unternommen. Erst Arbeiter aus einer benachbarten Fabrik benachrichtigten die Bahnpolizei, die den Jungen gerade noch vor dem Überfahren rettete.
*Claus möchte immer recht haben. Es gibt deshalb öfters Streit.
In Filmen und Illustrierten wird sittlicher Anstand und Sauberkeit oft verspottet. Ist eine saubere Haltung heut nicht mehr gefragt?
Hans hat nichts anderes im Kopf, als Schweinigeleien zu erzählen. Wie verhältst du dich?

Heinz nimmt dich in eine Gesellschaft mit. Du merkst bald, daß es dort nicht sauber zugeht. Wie verhältst du dich?

Rudi verteilt in der Schule (im Betrieb) sittlich anstößige Schriften.

Hilmar, zwanzig Jahre alt, hat eine Freundin, sie ist achtzehn; er lädt sie ein, in den Ferien gemeinsam zu zelten.

Soll man »ehrliche Finder« belobigen?

Franz arbeitet in einer Maschinenfabrik. Hin und wieder nimmt er ein Werkzeug oder Material mit. Es fällt ja nicht auf.

*Regina hat beim Lebensmittelhändler eingekauft. Beim Bezahlen stellt sie fest, daß der Kaufmann 1 DM zu wenig berechnet hat.

*Beim Kaufmann liegen kostenlose Proben von Margarine aus. Erika nimmt gleich zehn Stück vom Ladentisch.

Frank arbeitet bei einem Radiomechaniker. Er repariert auch sein eigenes Rundfunkgerät und setzt eine neue Röhre aus dem Bestande seines Meisters ein, ohne sie zu bezahlen.

Peter nimmt einen Radioreparaturauftrag für seinen Meister entgegen, gibt den Auftrag jedoch nicht weiter, sondern führt ihn nach Dienstschluß für sich aus.

*Günter ist Fabrikarbeiter. Er läßt bis weit in den Tag die Lampen brennen. Es kostet ja nicht sein Geld.

Im Mittelalter waren die Strafen sehr hart. Wer z. B. eine Gans gestohlen hatte, dem wurde die Hand abgeschlagen.

*Mein Freund benützt falsche Münzen beim Zigarettenautomaten.

Vor dem Postschalter herrscht ein großes Gedränge. Hilmar will Geld einzahlen. Mißmutig sieht er die lange Schlange. Da erblickt er, schon nahe am Schalter, seinen Freund Rudolf. Dem drückt er freudig die Zahlkarte und das Geld in die Hand.

Ehrlich währt am längsten. Stimmt das?

*Soll man immer die Wahrheit sagen?

Soll man überhaupt schwören?

Muß man einen Eid halten?

Im Mittelalter wurde dem Meineidigen die Schwurhand abgehauen.

Was heißt das: Lügen haben kurze Beine?

Max liebt es, über andere Leute zu sprechen und sie schlecht zu machen.

Darf man über andere Leute schlecht sprechen, auch wenn es der Wahrheit entspricht?

Darf man über jemand eine schlechte Auskunft geben, oder soll man sie verschweigen?
Darf man jemand loben, obwohl er es bestimmt nicht verdient?
Ein bekannter Dichter lebte streng nach dem Grundsatz: Nie ein schlechtes Wort über einen Menschen.
Im AT hieß es: Aug' um Auge, Zahn um Zahn. Im NT dagegen: Liebet eure Feinde. Ist das überhaupt möglich?
Was geht mich mein Nächster an?
Ist der Mensch von Natur aus gut oder schlecht?
Was ist wichtiger: Dienen oder verdienen?
Wofür leben wir heute?
Verdient der Ruhm oder der Reichtum mehr erstrebt zu werden? (Cicero)
Warum läßt Gott Kriege zu?
Ist es ehrenvoll, des Ruhmes wegen zu sterben?
Gibt es eine Gerechtigkeit?
»Mit dem kann ich nicht auskommen, und wenn ich hundert Jahre alt werde!«
Wenn jeder nur an sich, an sein persönliches Glück denken würde, ... (dann gäbe es bald kein Glück!)
Werden die Menschen klüger?
Ein Verein verschickte dreihundert Einladungen mit frankierter Rückantwort. Nur dreißig schickten die Karten zurück.
Fritz kommt öfters unpünktlich zum Dienst. Seine Entschuldigung: Der Meister tut es auch!
*Hartmut wirft die Bananenschale auf den Bürgersteig statt in den Papierkorb.
*Fritz fordert dich auf, mit ihm auf der belebten Straße Fußball zu spielen.
Soll ich meinem Bruder beistehen, auch wenn er im Unrecht ist?
Halbstarke haben ein Verkehrsschild zerstört.
Die Stadtverwaltung hat an der Promenade neue Bänke aufgestellt. Einige Tage später findet man sie zerbrochen im nahen Bach.
Unbekannte haben die Feuerwehr aus »Jux« alarmiert.
Das Telefonbuch aus der Fernsprechzelle wurde gestohlen.
Würdest du bereit sein, auf alles zu verzichten, um als Missionar, als Arzt, als Krankenschwester oder Entwicklungshelfer nach Afrika zu gehen?

Du weißt, daß deinem Arbeitskollegen der Tabakrauch nicht bekommt. Wie verhältst du dich?
Wie entsteht Gemeinschaft und wie wird sie erhalten?
Soll man sich einen teuren Hund leisten, wenn noch viele Menschen in Armut leben (wenn Millionen Menschen in der Welt an Hunger sterben)?
*Warum halten sich viele Menschen einen Hund?

Schule – Jugend – Bildung

*Was können wir dazu beitragen, daß die Schulordnung besser eingehalten wird?
Wie können wir den Gedanken der Schülermitverwaltung in der Schule verwirklichen?
Soll in unserer Schule eine Schuluniform (ein besonderes Abzeichen, eine Mütze) eingeführt werden?
Warum sollen wir Fremdsprachen lernen?
Fünftagewoche in der Schule – ja oder nein?
Sollen die Schüler der 10. Klassen mit »Sie« angesprochen werden?
Soll die Schrift zensiert worden?
Soll es im Fach »Religion« Zensuren geben?
Soll das Tragen von Pfennigabsätzen verboten werden?
Sollen Schüler in den Ferien arbeiten?
Sollen Artikel in der Schülerzeitung unter einem Pseudonym erscheinen?
Wozu brauchen wir eine Schülerzeitung?
Schulzeitung oder Schülerzeitung?
Hat es einen Sinn, daß man Gedichte auswendig lernt?
Sollten Neigungsfächer (Musik, Zeichnen, Werken) nur freiwillig belegt werden?
Sollen Jungen und Mädchen zusammen unterrichtet werden?
Soll es den Jungen erlaubt werden, auch am Kochunterricht teilzunehmen?
Sollte man die Milliarden für die Rüstung nicht besser für Schulbauten ausgeben?
Lernmittelfreiheit – ja oder nein?
Klassenbüchereien oder Zentralbücherei?
Dein Freund liest ein Buch, von dem du weißt, daß es ausgesprochen schlecht ist.

Was ist Schundliteratur?
Wie können wir die Verbreitung von schlechten Schriften am wirksamsten eindämmen?
In Hamburg wurden Sonderschulen eingerichtet, an denen vierhundert Mädchen vor und nach der Entbindung Unterricht erhalten. Gibt das nicht zu denken?
*In der Schule ist das Rennen verboten. Einige Schüler richten sich nicht danach.
*Horst beschädigt mutwillig das Werkzeug im Werkunterricht.
*Horst wirft eine Stinkbombe im Korridor.
Sollen wir ein Schulgericht einsetzen?
Sollen Vergehen gegen die Schulordnung angeprangert werden?
Soll man in der Schule das Laienspiel pflegen?
Darf es in der Demokratie Bildungsvorrechte geben?
Sollen Jungen und Mädchen der 9. Klassen am Tanzunterricht teilnehmen?
Sollen Jugendliche unter sechzehn Jahren rauchen?
Wie stelle ich mir die Arbeit einer Jugendgruppe vor?
Warum gehöre ich (nicht) einer Jugendgruppe an?
In der Jugendgruppe ... ist nichts mehr los. Deshalb gehe ich nicht mehr hin!
Warum interessiert sich die Jugend so wenig für Politik?
Soll sich die Jugend mit Politik befassen?
Fußballstars und Filmfans – sind das unsere Ideale?
Warum schwärmt die Jugend für moderne Tänze?
Welcher Tanz ist »anständiger«, Walzer oder Twist?
Warum mögen wir (nicht) die modernen Schriftsteller?
Soll man Bert Brecht lesen?
Können wir auf die Klassiker verzichten?
Was hat uns heute Goethe zu sagen?
Hat sich der Bildungsbegriff in den letzten fünfzig Jahren geändert?
Wer ist gebildet?
Hängt Bildung mit Beruf zusammen?
Was versteht man unter Bildungsvorurteilen?
Die Römer sagten: Er kann nicht lesen und nicht schwimmen. Er ist nicht gebildet.
Stimmt das: »Wissen ist Macht!?«
*Möchtest du lieber auf dem Lande oder in der Stadt leben?

Dein englischer Brieffreund besucht dich. Was würdest du ihm auf einer dreiwöchigen Fahrt durch Deutschland zeigen?
Welche Rolle spielt das Theater in unserem Kulturleben?
Ist es gerechtfertigt, daß sich junge Menschen aus der Welt zurückziehen und in ein Kloster eintreten?
Soll man sparen, oder soll man lieber für das Geld ein angenehmes Leben führen?

Presse – Film – Radio – Fernsehen – Meinungsbildung

*Wie liest man eine Zeitung?
Genügt es, wenn man »eine« Zeitung liest?
Welchen Einfluß hat die Zeitung auf die Meinungsbildung?
Die Presse ist frei. Ist sie es wirklich?
Welchen Einfluß haben die Geldgeber auf die Zeitung?
Welchen Einfluß hat die Regierung auf die Zeitungen?
Ist die Pressefreiheit gefährdet?
Sagen die Zeitungen die Wahrheit?
Die Presse in Ost und West.
Wie berichten verschiedene Zeitungen über das gleiche Ereignis?
Woher haben die Zeitungen die Nachrichten?
Ist es richtig, daß die Zeitungen nur bestimmte Leserbriefe veröffentlichen?
Sollte man die Horoskope in den Zeitungen verbieten?
Hat es einen Wert, sich mit der Presse anzulegen?
Stimmt es, daß die Presse die vierte Gewalt im Staate ist?
Welche Aufgaben hat die Presse?
Soll man regelmäßig ins Kino gehen?
Ist der *Film* daran schuld, daß die Jugend moralisch abgleitet?
Welchen Einfluß hat der *Rundfunk* auf die Meinungsbildung?
Was erwartet man von den politischen Meldungen und Kommentaren im Rundfunk?
Soll man ausländische Sender hören?
In der Nazi-Zeit wurde das Abhören ausländischer Sender schwer bestraft.
Was halten wir von der Werbung im Rundfunk und im Fernsehen?
Ist das *Fernsehen* objektiv?
Kann man trotz Fernsehapparat ein geselliges Familienleben führen oder zerstört das Fernsehen die Häuslichkeit?

Soll das Fernsehen der staatlichen Aufsicht unterstehen?
Wie wird bei uns »*Meinung*« gemacht?
Was ist die öffentliche Meinung?
Wer beherrscht die öffentliche Meinung?
Sollen wir uns nach der öffentlichen Meinung richten?
Stimmt das: »Volkes Stimme, Gottes Stimme!«?

Recht – Staat – Politik – Gemeinschaftskunde

Was bedeutet der Satz: »Bundesrecht bricht Landesrecht«?
Gibt es zweierlei Recht?
Stimmt das: Recht hat nur der Stärkere?
Geht Recht vor Macht oder Macht vor Recht?
Welche Aufgaben hat das Bundesverfassungsgericht?
Wir sind ein Rechtsstaat. Was heißt das?
Es geht nicht um mein Recht, sondern um das Recht.
Todesstrafe – ja oder nein?
Der Rechtsbegriff in West und Ost.
Wozu brauchen wir Grundrechte?
Gibt es eine absolute Freiheit?
Die Weimarer Verfassung und das Grundgesetz.
Die Freiheit zielt auf den andern!
Was heißt das: Die Würde des Menschen ist unantastbar?
Wie gingen die Nazis mit der Würde des Menschen um?
Was versteht man unter »freier Entfaltung der Persönlichkeit«?
Die Freiheit der Person ist unverletzlich!
Alle Menschen sind vor dem Gesetz gleich!
Männer und Frauen sind gleichberechtigt.
Warum ist für Minderjährige die Freiheit eingeschränkt?
Was versteht man unter religiöser Freiheit?
Freiheit in West und Ost.
Das Recht auf freie Meinungsäußerung.
Darf ich alles sagen, was ich will?
Die Familie steht unter dem Schutze des Staates.
Wie steht es um die Gleichberechtigung des unehelichen Kindes?
Wem untersteht das Schulwesen?
Welche Rechte haben die Erziehungsberechtigten?
Die Grenzen des Elternrechts, des staatlichen Erziehungsrechts.
Was versteht man unter Versammlungsfreiheit?
Worin besteht das Briefgeheimnis?

Alle Deutschen haben das Recht auf freie Berufswahl.
Die Wohnung ist unverletzlich.
Was versteht man unter dem Recht auf Eigentum?
Das Recht auf Eigentum und die verschiedenen Parteiprogramme.
Was heißt das: »Die Bundesrepublik Deutschland ist ein demokratischer und sozialer Rechtsstaat«?
Was bedeutet der Satz: »Alle Staatsgewalt geht vom Volke aus«?
Welchem der drei Sätze würdest du den Vorzug geben und warum?

1. Salus populi suprema lex. (Cicero)
   Das Wohl des Volkes ist das oberste Gesetz.
2. Fiat iustitia pereat mundus. (Angebl. Ausspruch Kaiser Ferdinand I.)
   Es geschehe Gerechtigkeit, auch wenn die Welt darob zugrunde gehe.
3. Iustitia est fundamentum rei publicae.
   Die Gerechtigkeit ist das Fundament des Staates.

Was ist eine Partei?
Brauchen wir Parteien?
Ist Demokratie ohne Parteien möglich?
Wäre es nicht besser, wir hätten nur eine Partei?
Sollen die Parteien vom Staat finanziert werden?
Entsprechen die Parteien unseren Wünschen und Vorstellungen?
Brauchen wir eine »Dritte Kraft«?
Wozu haben wir Länderregierungen?
Welchen Sinn hat das bundesstaatliche Prinzip in der BRD?
Was versteht man unter Gewerbefreiheit?
Trifft es zu, daß Machtbesitz zum Machtmißbrauch verleitet?
Wozu brauchen wir drei Gewalten im Staate?
Sind (alle) Politiker Machtmenschen?
Soll man sich politisch engagieren?
Sollen Beamte einer politischen Partei angehören?
Warum sind viele Menschen so wenig am Gemeinwohl interessiert?
Was kann man tun, um das Interesse am politischen Leben zu fördern?
Wie kommt es, daß in den totalitären Staaten das politische Interesse größer ist?
Was unterscheidet den Rechtsstaat von der Diktatur?
Was unterscheidet die Demokratie von der Volksdemokratie?

Wie sollen sich Regierung und Opposition zueinander verhalten?
Wozu brauchen wir eine Opposition?
Ist der Fraktionszwang mit dem Grundgesetz vereinbar?
Fraktionszwang und Fraktionsdisziplin.
Wie ist der »Ohne-mich«-Standpunkt zu überwinden?
Hat die Mehrheit immer recht?
Vor- und Nachteile von Mehrheitswahl und Verhältniswahl.
Listenwahl oder Personenwahl?
Was kann geschehen, wenn sich zu wenige Staatsbürger für Politik interessieren?
Kann man in der Politik unparteiisch sein?
Ist Widerstand gegen die Staatsgewalt erlaubt?
Wann mißbraucht der Staat seine Macht?
Der Mord an Kennedy ist verwerflich. Und das Attentat auf Hitler?
Wie hätten wir uns in der Hitlerzeit verhalten?
Wozu brauchen wir Gesetze?
Wie stellen wir uns einen idealen Politiker vor?
Warum ist die Demokratie die beste Staatsform?
Soll man andern Völkern die Demokratie aufdrängen?
Wozu brauchen wir einen Bundestag?
Können wir ohne staatliche Ordnung auskommen?
Wozu brauchen wir Gemeindeparlamente?
Kann man in den Gemeindeparlamenten heut noch von Selbstverwaltung sprechen?
Wozu brauchen wir eine Feuerwehr?
Brauchen wir die Bundeswehr?
Der Staat, das sind wir!
Wozu brauchen wir einen Staat?
Gibt es in einem sozialistischen Staat »Ausbeutung«?
Wo wird mehr ausgebeutet: im sozialistischen oder im kapitalistischen Staat?
Hat die Zivilisation die Klassengegensätze beseitigt?
Worin bestehen die Klassengegensätze heute?
Die Klassengegensätze – vor hundert Jahren und heute ?
Sind in Rußland die Klassen beseitigt?
Wie wird die Welt im Jahre 2000 aussehen?
Was heißt das: »Wir fordern das Selbstbestimmungsrecht für alle Deutschen.«?

Können wir stolz auf unser Vaterland sein?
Welchen Anteil haben die Vertriebenen am Wiederaufbau der BRD?
Was versteht man unter Friede in West und Ost?
Wie verhält man sich, wenn man ins Ausland fährt?
Welche Aufgaben haben die UN?
Warum brauchen wir ein Vereinigtes Europa?
Wirtschaftliche oder politische Einigung in Europa zuerst?
Sinn und Aufgaben der NATO.
Andere Völker sind nicht schlechter, sondern anders.
Sollen wir mit den Oststaaten diplomatische Beziehungen aufnehmen?
Was können *»wir«* zur Wiedervereinigung beitragen?
Sollen wir aus der NATO austreten?
Was würde »Neutralität« für uns bedeuten?
Sind Neger schlechtere Menschen?
Würdest du einen Neger heiraten?
Sollen wir weiterhin auf der Hallsteindoktrin bestehen?
Welches sind die Ursachen und die Auswirkungen des Rassenstreits in den USA?
Ist das Negerproblem eine Gefahr für die USA?
Wie kommt es, daß die Politik der USA in weiten Teilen Mittel- und Südamerikas sowie Asiens auf Widerstand stößt?
Kann man mit wirtschaftlicher Hilfe allein die Freundschaft der jungen Staaten gewinnen?
Sind die USA der Garant des Weltfriedens?
Wie können wir unser Verhältnis zur Sowjetunion verbessern?
Trifft es zu, daß der Kommunismus im Vormarsch sei?
Hat der Kommunismus an Kredit verloren?
Hat sich der Kommunismus gewandelt?
Gibt es eine Koexistenz zwischen Kommunismus und Demokratie?
Welche Taktik verfolgt der Kommunismus in demokratischen Staaten?
War es richtig, daß die BRD die Kommunistische Partei verboten hat?
Gibt es in der BRD noch nazistische Bestrebungen?
Haben wir in der Wiedergutmachung genug für die Juden getan?
War es richtig, mit der DDR diplomatische Beziehungen aufzunehmen?

Gibt es noch einen Antisemitismus in der BRD?
Wozu Entwicklungshilfe?
Sollen wir Entwicklungshilfe nur an befreundete Staaten leisten?
Sollen wir die Entwicklungshilfe von politischen Bedingungen abhängig machen?
Entwicklungshilfe – auch in Europa?
Sollen wir die Entwicklungshilfe für Staaten, die die christlichen Kirchen unterdrücken, sperren?

Wirtschaft – Gewerkschaften – Sozialwesen – Landwirtschaft – Verkehr – Gesundheit

Warum fördert die Regierung die Bildung von Eigentum?
Wie entstehen die Preise?
Warum steigen die Preise immer mehr?
Sollte der Staat die Preise festsetzen?
Wie funktioniert die freie Wirtschaft?
Wie funktioniert die soziale Marktwirtschaft?
Sollte der Staat die Waren auf ihre Qualität testen?
Gibt es ein unabhängiges Testverfahren?
Sollte der Staat nicht jedem ein Mindesteinkommen garantieren?
Ist der Besitz von Aktien unmoralisch?
Wie stellst du dir den vorbildlichen Arbeitgeber vor?
Wie würde sich im Betrieb die Gewinnbeteiligung auswirken?
Sind Akkordlöhne unsittlich?
Leben wir in einem Sozialstaat?
Wozu brauchen wir *Gewerkschaften*?
Brauchen wir eine Einheitsgewerkschaft?
Sind die Gewerkschaften die Hüter der Demokratie?
Gewerkschaften – gestern und heute?
Ist man verpflichtet, bei einem Streik mitzumachen?
Bedeutet Arbeitszeitverkürzung gleichzeitig Lohnerhöhung?
Können wir uns die Vierzig-Stunden-Woche leisten?
Welche Probleme werfen die Gastarbeiter auf?
Der Prozentsatz an Menschen über 65 ist jetzt doppelt so hoch wie vor dem 1. Weltkrieg. Welche Folgen hat dies?
Sind wir Deutschen zu fleißig?
Gefährdet zu viel *Freizeit* die Arbeitsmoral?
Soll man in der Freizeit arbeiten und Geld verdienen?
Wie können wir die Freizeit am besten bewältigen?

Was bewirkt der Konkurrenzkampf?
Wer bezahlt die Werbung?
*Sollen die Läden am Samstagnachmittag öffnen?
Soll man sich ein Auto anschaffen, nur weil es standesgemäß ist?
Sind die kinderreichen Familien bei uns benachteiligt?
Wie können die Einkommensverhältnisse der kinderreichen Familien bei uns verbessert werden?
Stimmt es: »Arbeit macht frei«?
Fördert Reichtum die Freiheit?
Lohnt es sich, einer Bausparkasse beizutreten?
*Was hast du bisher deinen Eltern gekostet?
Warum müssen wir *Steuern* zahlen?
Ist unser Steuersystem gerecht?
Sollte Steuerhinterziehung noch schwerer bestraft werden?
Automation – Segen oder Fluch?
Darf ein Kaufmann Kunden werben, indem er die Konkurrenz schlecht macht?
Entwicklungshilfe – goldene Betten oder soziale Verpflichtung?
Warum erhält unsere *Landwirtschaft* Subventionen?
Muß unsere Landwirtschaft subventioniert werden?
Wozu brauchen wir einen »Grünen Plan«?
Was versteht man unter Strukturverbesserung in der Landwirtschaft?
Warum verlassen viele Landarbeiter die Landwirtschaft?
Welche Vorteile bieten die landwirtschaftlichen Genossenschaften?
Landwirtschaftliche Genossenschaften in West und Ost.
Wie können wir die *Verkehrsverhältnisse* in unserer Stadt verbessern?
Gehört an die Kreuzung ... eine Ampel?
Reichen die Sportstätten für unsere Stadt?
Benötigt unsere Stadt ein Hallenbad?
Wie können die Alten in unserer Stadt besser betreut werden?
Treiben wir genügend *Sport?*
Ist unsere Verpflegung richtig?
Warum müssen bestimmte ansteckende Krankheiten gemeldet werden?
Der *Lärm* auf den Straßen schwillt gefährlich an. Welche Folgen ergeben sich daraus?

Geschichte

Es wurde bereits betont: Man kann in Geschichte nur über einen »bekannten Sachverhalt« ein Gespräch führen oder diskutieren. Also erst, nachdem ein Thema »behandelt« wurde, kann man darüber sprechen. Diskussionen in Geschichte setzen also in jedem Falle ein geschichtliches Wissen voraus. Das ist bei allen stofflichen Themen zu beachten.

Dem Lehrer bietet sich in diesem Fach vor allem die »Stegreifdiskussion« als anregende Wiederholungs- und Prüfungsmethode an. Sie empfiehlt sich immer dann, wenn ein Geschichtsabschnitt unterrichtlich abgeschlossen wurde. Viele geschichtliche Themen enthalten eine Fülle von Stoff, aber wenig Problematik. Trotzdem nehmen die Gespräche meist sehr lebhafte Formen an, denn die Teilnehmer achten auf die Richtigkeit der Äußerungen und widerlegen sofort eine falsche Stellungnahme. Hinzu kommt das Gefühl: Du mußt hier zeigen, was du kannst! – Das heizt das Gespräch an, so daß man in den meisten Fällen von einer Diskussion sprechen kann.

Zunächst *allgemeine Diskussionsthemen:*

Kann man aus der Geschichte lernen?
Gibt es eine objektive Geschichtsschreibung?
Warum befassen wir uns mit Geschichte?
Stimmt die Auffassung Platons, daß aus übertriebenem Reichtum, Bequemlichkeit und mangelndem Staatsinteresse die Diktatur erwächst?
Platon sagte: Aus der übertriebenen Freiheit erwächst die wildeste Diktatur.
Politischer Mord ist ein Verbrechen. In jedem Falle?
Wie stehen wir zu dem Wort von Macchiavelli: »Die Menschen sind immer schlecht, wenn sie nicht durch den Zwang der Notwendigkeit gut gemacht werden!«?
Die Jugend von heute und ihr Geschichtsbild von gestern.

Stoffliche Themen:

Wie unterschied sich die Lebensweise der Athener von der der Spartaner?

Warum spricht man von einem »Perikleischen Zeitalter«?
Welche Ziele verfolgte Alexander in seinen Eroberungskriegen?
Warum zerfiel das Reich Alexanders unter den Diadochen?
Wodurch unterschied sich die Staatsform Karthagos von der Roms?
Wie wirkten sich die Klassengegensätze in Rom aus?
Wie gelang es Cäsar, die Alleinherrschaft zu erringen?
Welche Folgen hatte die Ermordung Cäsars?
War der Mord an Cäsar gerechtfertigt?
Welche Bedeutung hatte der Sieg des Germanenfürsten Armin über die Römer?
Wie entwickelte sich das Verhältnis der ersten Christen zum römischen Staat?
Warum wurden die Christen verfolgt?
Was trug zur Ausbreitung des Christentums bei?
Welchen Verlauf nahmen die Wanderungen der ostgermanischen Stämme?
Wie entstand das Mönchstum und welche Bedeutung gewann es für die abendländische Kultur?
Wie entstand der Islam und wie breitete er sich aus?
Welche Bedeutung hatte die Schlacht bei Tours und Poitiers 732?
Wie kamen die Karolinger an die Macht?
Welche Bedeutung kommt der Kaiserkrönung Karls des Großen im Jahre 800 zu?
Wie ist Karls Kampf gegen die Sachsen zu beurteilen?
Welches waren die Gründe für den Zerfall des Karolingerreiches?
Welches sind die Etappen der Entstehung des Deutschen Reiches?
Wie sicherte Heinrich I. den Bestand und die Grenzen des Reiches?
Wie wirkte sich die Maßnahme Ottos I., Bischöfe als weltliche Fürsten einzusetzen, aus?
Wie ist die Ostpolitik der Sachsenkaiser zu beurteilen?
Warum kam es zum Investiturstreit?
Was versteht man unter Laieninvestitur und Simonie?
War Heinrichs Gang nach Canossa ein Bußgang oder kluge Berechnung?
Welche weltpolitischen (wirtschaftlichen, kulturellen) Folgen hatten die Kreuzzüge?
Handelte Heinrich der Löwe richtig, als er die Italienpolitik Barbarossas ablehnte?

Wie ist die Italienpolitik der Hohenstaufen zu beurteilen (von deutscher, von italienischer Sicht)?
Welche Auswirkungen hatte der Verzicht Kaiser Friedrichs II. auf königliche Rechte zugunsten der Landesfürsten?
Welche Bedeutung ist der Schlacht bei Liegnitz (1241) beizumessen?
Warum riefen slawische Fürsten deutsche Siedler ins Land?
Welchen Anteil hatte der Ritterorden an der Ostkolonisation?
Wie wirkte sich die Ostkolonisation für das Reich und seine Nachbarn aus?
Welche politische und wirtschaftliche Rolle spielte die Hanse?
Welche politischen Ziele verfolgte Rudolf von Habsburg?
Welche Bedeutung hatte die Eroberung Konstantinopels durch die Türken im Jahre 1453?
Welches waren die politischen und wirtschaftlichen Folgen der Entdeckung Amerikas?
Welche Auswirkungen hatte die Erfindung der Buchdruckerkunst auf die Kultur?
Welches waren die inneren Ursachen der Reformation?
Welche politischen Folgen hatte die Ächtung Luthers?
Welches waren die Auswirkungen des Augsburger Religionsfriedens 1555?
Welche Erfolge und welche Folgen hatte die Gegenreformation?
Wie kam es zum Dreißigjährigen Kriege?
Welche Ziele verfolgte Wallenstein?
Welche Rolle spielten außerdeutsche Mächte im Dreißigjährigen Kriege?
War das Vorgehen des Kaisers gegen Wallenstein gerechtfertigt?
Wie sah das Kartenbild Deutschlands in den Jahren 1618 und 1648 aus?
Wie wirkte sich der Untergang der Armada auf die Weltpolitik aus?
Wie verlief der Kampf zwischen den Stuarts und dem Parlament in England?
Welchen Einfluß hatte der Puritanismus auf die englische Politik?
Wie erkämpften sich die englischen Bürger ihre Freiheitsrechte?
Was bedeutete der Sieg über die Türken bei Wien 1683 für Europa?
Wie regierten die absoluten Herrscher in Frankreich?
Wie vollzog sich die Entwicklung Brandenburgs von 1416–1701?

Wodurch unterschied sich der Absolutismus Ludwig XIV. von dem Friedrich Wilhelm I. von Preußen?
Verdient Friedrich II. von Preußen den Beinamen »der Große«?
Worin bestand die Größe der Kaiserin Maria Theresia?
Friedrich der Große und Josef II. waren aufgeklärte absolute Herrscher. Worin unterschieden sie sich?
Von welchen Ideen wurde der Unabhängigkeitskampf der Nordamerikaner getragen?
Welche politischen und sozialen Mißstände führten zur Französischen Revolution?
Wir wirkten sich die Ideen der Französischen Revolution auf das Denken der europäischen Völker aus?
Inwieweit wurden die Ideen der Aufklärung und die Freiheitsrechte in der Französischen Revolution verwirklicht?
Was unterscheidet Napoleon von Hitler?
Woran scheiterte Napoleon?
Welche gegensätzlichen Kräfte wirkten auf dem Wiener Kongreß?
Welche politische Rolle spielten von 1812–1848 die deutschen Studenten?
Welche Bedeutung hatte der deutsche Zollverein (1834) für die deutsche Einigung?
Wodurch unterschieden sich die Revolutionen 1848 in Frankreich und in den deutschen Ländern?
Worum ging es in der Frankfurter Nationalversammlung?
Sollte Gesamtösterreich in das Deutsche Reich aufgenommen werden? Wie hättest du dich entschieden und warum?
Woran ist die Revolution 1848 gescheitert?
Wie ist die soziale Frage entstanden?
Was meint Karl Marx mit dem Satz: »Die Geschichte aller bisherigen Gesellschaft ist die Geschichte von Klassenkämpfen«?
Wie stehen wir zu dem Satz von Karl Marx, daß mit den Lebensverhältnissen der Menschen sich auch ihr Bewußtsein ändert?
Was unterschied Karl Marx von Ferdinand Lassalle?
Wie verlief der Machtkampf zwischen Preußen und Österreich im 19. Jahrhundert?
Wie lebte ein Fürst vor hundert Jahren, und wie lebt ein Arbeiter heute?
War Bismarck ein Machtpolitiker?
Hat Bismarck mit seiner gewaltsamen Einigungspolitik den Geist

der späteren Eroberungspolitik unter Wilhelm II. und Hitler geprägt?
Ist das Vordringen des russischen Einflusses eine Folge der Machtpolitik Bismarcks?
Welche Ziele verfolgte Bismarcks Sozialpolitik, was waren die Erfolge?
Welches Verhältnis hatte Bismarck zu den Parteien?
Welche außenpolitischen Ziele verfolgte Bismarck?
Wie kam es zum »Kulturkampf« und wie verlief er?
Wie begründeten England, Frankreich, Deutschland, Rußland und die USA ihren »geschichtlichen Auftrag«?
Wie kam es zum 1. Weltkrieg?
Wie verhielten sich die Parteien im 1. Weltkrieg?
Wie kam der Kommunismus in Rußland an die Macht?
Welches waren die Gründe für den deutschen Zusammenbruch?
Wieweit wurden Wilsons Vierzehn Punkte im Frieden zu Versailles berücksichtigt?
Wie kam es zum Ruhrkampf und zur Inflation in Deutschland?
Woran scheiterte die Weimarer Republik?
Wen trifft die Schuld an der Machtergreifung Hitlers?
Wie riß Hitler die Macht an sich?
Wie beseitigte Hitler die Parteien und wie schaltete er die Organisationen gleich?
Mit welchen Methoden bekämpfte Hitler die Kirchen?
Wodurch unterschied sich das System Hitlers von einem demokratischen Staat?
Mit welchen Mitteln unterdrückte Hitler die Juden und rottete sie aus?
Welcher Propagandamethoden bediente sich der NS-Staat?
Haben fremde Staaten Schuld am Erfolg Hitlers?
Wie kam es zum 2. Weltkrieg?
Durften die Männer des 20. Juli ihren Treueid brechen?
Welche Widerstandskreise waren gegen Hitler tätig?
Hatte ein Widerstand gegen Hitler Erfolgsaussichten?
Worauf waren die militärischen Erfolge Hitlers in den ersten Kriegsjahren zurückzuführen?
Haben die Kirchen Hitler gegenüber versagt?
Wie war es möglich, daß sich Hitler bis zum Ende halten konnte?
Wie ist Hitlers Selbstmord zu beurteilen?

Wie sah Deutschland nach dem Zusammenbruch 1945 aus?
Deutschland in den Jahren 843 – 1050 – 1230 – 1466 – 1648 – 1815 – 1871 – 1918 – 1939 – 1942 – 1945. Vergleiche das Kartenbild?
Was ist von den Ansichten Oswald Spenglers, die er in seinem Buch »Der Untergang des Abendlandes« niedergelegt hat, zu halten?
Welches waren die Auswirkungen der Potsdamer Konferenz?
Wie vollzog sich die Vertreibung der Deutschen aus den Ostgebieten?
Welchen Inhalt haben die Menschenrechte, und wie wurden sie seit 1945 beachtet?
Wie entstand der »Eiserne Vorhang«?
Wie entwickelte sich das Verhältnis der USA zur Sowjetunion von 1939 bis heute?
Welchen Wandel vollzog die amerikanische Deutschlandpolitik nach dem 2. Weltkrieg?
Welches Schicksal erlitt Deutschland nach dem Zusammenbruch?
In welchen Etappen entstand die Bundesrepublik Deutschland?
Welche Erfolge und Mißerfolge haben die UN aufzuweisen?
Katharina II. sagte um 1790: »Wenn ich zweihundert Jahre regierte, dann würde schließlich ganz Europa dem russischen Zepter unterworfen sein.« Inwieweit hat Rußland dieses Ziel verfolgt und erreicht?
Wie haben die Sowjets ihre Macht in Europa ausgebaut?
Welches sind die Hintergründe für den Streit zwischen Moskau und Peking?
Welche Staaten sind seit 1945 neu entstanden?
Was können *»wir«* für die Wiedervereinigung tun?

Themen für Debatten

Viele der im vorigen Kapitel (Themenvorschläge für Gespräche und Diskussionen) aufgeführten Themen lassen sich durch eine Änderung in der Formulierung als *Behauptung*, *Forderung* oder *Antrag* zum Debattenthema umformen.

Beispiel: a Ist die Pressefreiheit bedroht?
b Die Pressefreiheit ist bedroht!
a Soll man Horoskope in den Zeitungen verbieten?
b Horoskope in den Zeitungen sollen verboten werden!
a Ist unser Steuersystem gerecht?
b Wir beantragen die Änderung des Steuerrechts!

Nicht immer ist die Umformung so einfach. Die folgenden Debattenthemen stellen eine kleine Auswahl dar. Sie könnte, unter Ausnützung des vorigen Kapitels, erheblich erweitert werden. Das sei dem Leser überlassen.

Humoristische Übungsthemen

(vgl. dazu das Kapitel: Podiumsdebatte nach englischer Art)

Schulische Hausaufgaben müssen verboten werden!
Die Mädchen unserer Schule müssen »Pferdeschwänze« tragen!
Die Schüler der 10. Klassen müssen Bärte tragen!
Das Schminken soll als Fach in der Schule eingeführt werden.
Jeder Schüler soll ein Namensschild um den Hals tragen.
In der Schule sollen Zigarettenautomaten aufgestellt werden.
Die Schüler der 8. Klassen sollen auf Rollern zur Schule kommen.
Der Küchendienst für Jungen muß verboten werden.
Für streitsüchtige Frauen soll, wie im Mittelalter, ein Pranger aufgestellt werden.
Einmal in der Woche soll jeder Autoverkehr ruhen.

Gewissensbildung – menschliches Zusammenleben

Das Wahrsagen ist ein Humbug und müßte untersagt werden!
Jugendliche bis 21 Jahre müssen ihren Verdienst an die Eltern abliefern!
Niemand darf heiraten, bevor er nicht einen Bausparvertrag abgeschlossen hat.
Die Zigaretten müssen doppelt so stark besteuert werden!
Wer einen Autounfall schuldhaft verursacht, dem soll der Führerschein entzogen werden.
Tierquäler sind schärfer zu bestrafen.
Kraftfahrern, die einem Verunglückten nicht helfen, ist der Führerschein zu entziehen.
Die Kinozensur ist viel zu milde!
Das Schlangestehen bei Bushaltestellen muß verbindlich eingeführt werden!
Der Eid sollte abgeschafft werden.
Das Rauchen in Büros und Amtsräumen muß verboten werden!

Schule – Jugend – Bildung

Verstöße gegen die Schulordnung müssen strenger bestraft werden!
Wir fordern die Einrichtung eines Schülergerichtes!
Wir beantragen die Einführung einer Schuluniform!
Wir fordern die Fünf-Tage-Woche!
Wir beantragen, daß schon die Schüler der 9. Klassen mit »Sie« angeredet werden.
Das Tragen von Pfennigabsätzen in der Schule muß verboten werden!
Schüler dürfen nicht (müssen) in den Ferien arbeiten.
Jungen und Mädchen sollen getrennt unterrichtet werden.
Wir sind für die Koedukation.
Jungen müssen kochen lernen!
Karl May soll in die Klassenbüchereien eingestellt werden (soll verboten werden).
Wer ein Werkzeug beschädigt, muß es ersetzen.
Schundliteratur muß schärfer kontrolliert werden!
Die körperliche Züchtigung in der Schule soll ganz verboten werden.

Unsere Jugend benötigt mehr Freizeit.
Unsere Jugend hat zu viel Freizeit!
Rock'n'-Roll und Twist sollten verboten werden!
Jeder Jugendliche muß einer Jugendgruppe angehören!
Die Mädchen sollten ein Pflichtjahr ableisten, entsprechend dem Wehrdienst der Jungen.
Bert Brecht sollte verboten (gefördert) werden.
Die Klassiker sollten in den Schulen mehr zur Geltung kommen.
Der Staat sollte mehr für die Bildung tun.

Presse – Film – Radio – Fernsehen – Meinungsbildung

Der Einfluß des Kapitals auf die Zeitungen muß beseitigt werden!
Zeitungen müssen alle Leserbriefe veröffentlichen!
Kinder unter acht Jahren dürfen nicht ins Kino.
Der Staat sollte die Herstellung von jugendgefährdenden Filmen verbieten.
Die Zeitschrift ... (Illustrierte) ist schlecht und sollte verboten werden.
Das Fernsehen bildet (verdummt) den Menschen.
Die Illustrierten sind eine Gefahr für die Jugend.
Die Zigarettenwerbung im Fernsehen soll verboten werden.
Der Rundfunk sollte mehr Hörspiele senden.

Wirtschaft – Gewerkschaften – Verkehr – Sozialwesen – Landwirtschaft – Gesundheit

Die Regierung muß die Eigentumsbildung stärker fördern!
Je freier die Wirtschaft, desto besser floriert sie!
Der Staat soll Produktion und Verbrauch planen und aufeinander abstimmen.
Unsere Wirtschaft müßte staatlich gelenkt werden!
Die Preise müssen stabil bleiben!
Der Staat muß einen Warentest einführen!
Das Rabattsystem ist zu verbieten.
Alle Betriebe haben die Gewinnbeteiligung einzuführen!
Die Aktie widerspricht der Moral!
Die Handelsspannen sind zu groß!
Indirekte Steuern sind ungerecht.
Die hohen Einkommen müßten stärker besteuert werden!

Subventionen in der Wirtschaft sollten unterbleiben.
Steuerhinterziehung muß schärfer bestraft werden!
Jeder Arbeiter muß in einer Gewerkschaft sein!
Die Gewerkschaften sind der Garant der Demokratie.
Die Gewerkschaften sind eine Macht im Staate.
Zuviel Freizeit gefährdet die Arbeitsmoral.
Der Kaufmann soll über die Ladenschlußzeit bestimmen.
Anfänger dürfen mit ihrem Auto im ersten Jahr nicht schneller als 60 km/h fahren.
Der Führerschein muß alle fünf Jahre erneuert werden!
Nur wer weiter als einen Kilometer von der Arbeitsstätte wohnt, darf ein Auto benützen.
Verkehrssünder müssen strenger bestraft werden!
Die Anlage von genügend Parkplätzen in der Innenstadt löst das Verkehrsproblem.
Schwerstlastverkehr gehört auf die Schiene!
Die Hupe darf im Stadtverkehr grundsätzlich nicht benutzt werden.
Wer nach Alkoholgenuß Auto fährt, muß ins Gefängnis!
Alle Autos müssen mit einer Entgiftungsanlage versehen werden!
Alle Menschen müssen unabhängig vom Einkommen einer gesetzlichen Krankenversicherung angehören!
In Amerika gibt es keine Krankenversicherungspflicht, wir brauchen auch keine!
Der Staat sollte allen Menschen im Alter eine Pension zahlen.
Unsere Stadt braucht ein Hallenbad!
In den Schulen muß mehr Sport getrieben werden!
Der Staat unterstützt kinderreiche Familien zu wenig!
Hausfrauen mit Kindern dürfen nicht berufstätig sein.
Wir sollten nicht den Entwicklungsländern, sondern zuerst unserer Landwirtschaft helfen!
Jeder müßte ein halbes Jahr bei einem Bauern arbeiten, damit er weiß, wie schwer es ein Bauer hat.
Der bäuerliche Familienbesitz muß erhalten werden.
Nur noch Großbetriebe haben Existenzberechtigung!
Alkohol ist gesundheitsschädlich. Er muß stärker besteuert werden.
Wir essen zu viel Fleisch und Fett!
Wir müssen mehr Vollkornbrot essen!
Es muß mehr für die Alten getan werden!

Recht – Staat – Politik – Gemeinschaftskunde

In jedem Menschen steckt ein kleiner Hitler.
Politik verdirbt den Charakter.
Bei uns herrscht keine Freiheit!
Wir haben zuviel Freiheit!
Bei den Nazis herrschte mehr Ordnung.
Wir brauchen keine Parteien.
Jeder sollte einer Partei angehören!
Die Länderregierungen sind überflüssig.
Die Bundesregierung hat zu viel Macht (zu wenig Macht).
Beamte dürfen keiner Partei angehören!
Der sozialistische Staat beutet (nicht) aus.
Politiker sind Machtmenschen!
Wir brauchen keine Gemeindeparlamente.
Die Stellung der Gemeindeparlamente muß gestärkt werden!
Die Selbstverwaltung der Gemeinden ist bedroht!
Die Bundeswehr ist im Atomzeitalter überholt!
Unsere Bundeswehr muß verstärkt werden!
Die Siegermächte sind für die Wiedervereinigung zuständig.
Die Wiedervereinigung ist eine rein deutsche Angelegenheit

LITERATURVERZEICHNIS

Bundeszentr. für politische Bildung, *Möglichkeiten und Grenzen der politischen Bildung in der Höheren Schule*, Bonn 1960

Wilhelm Busch, *Das Gesamtwerk des Zeichners und Dichters in sechs Bänden*, Stuttgart 1962

Cicero, Marcus Tullius, *Vom Redner*, übers. v. R. Kühner, München o. J.

Ebeling, Hans, *Methodik des Geschichtsunterrichts*, Hannover 1961

Fischer, Heinz, *Das freie Unterrichtsgespräch*, Braunschweig 1955

Gaudig, Hugo, *Freie geistige Schularbeit in Theorie und Praxis*, Breslau 1922

Grabmann, Martin, *Die Geschichte der scholastischen Methode*, Bd. 1, Darmstadt 1956

Hausmann, Gottfried, *Didaktik als Dramaturgie des Unterrichts*, Heidelberg 1959

Heinrichs, Heribert, *Brennpunkte neuzeitlicher Didaktik*, Bochum o. J.

Hilligen, Wolfgang, *Sehen, Beurteilen, Handeln*, T. 2, Frankfurt 1970

Hoffmeister, Heribert, *Anekdotenschatz*, Berlin 1957

Jacobsen, Walter, *Lauter Vorurteile*, Bundeszentr. für politische Bildung, Bonn 1957

Joost, Ludwig, *Das Unterrichtsgespräch*, Braunschweig 1951

Kelber, Dr. Magda, *Fibel der Gesprächsführung*, Darmstadt 1958

Lasker, Bruno, *Democracy Through Discussion*, New York 1949

Lewin, Kurt, *Die Lösung sozialer Konflikte*, Bad Nauheim 1953

Marx, Albert/Altmann, Ruth, *Ich und der Andere*, Heidelberg 1954

Meyer, Ernst, *Römischer Staat und Staatsgedanke*, Darmstadt 1961

Mohrhof, Siegfried, *Filmgespräche mit Jugendlichen*, hrsg. vom Institut für Film und Bild in Wissenschaft und Unterricht, München 1960

Müller, Eberhard, *Die Kunst der Gesprächsführung*, Hamburg 1956

Odenbach, Karl, *Studien zur Didaktik der Gegenwart*, Braunschweig 1963

Oetinger, Friedrich, *Partnerschaft*, Stuttgart 1954

Orton, Eric, *Discussing and Debating*, Stuttgart 1952
Pfister, Josef H., *Die Kunst der Diskussion*, München 1948
Platon, *Der Staat*, München o. J.
Robespierre, Maximilian, *Reden*, Berlin 1925
Rother, Werner, *Die Kunst des Streitens*, München 1961
Schubert, Klaus, *Das Filmgespräch mit Jugendlichen*, München 1957
Stöcker, Karl, *Neuzeitliche Unterrichtsgestaltung*, München 1965
Ullrich, K. H., *Das goldene Buch der Zitate*, Berlin 1960
– *Sie haben das Wort*, hrsg. vom Verband für Freiheit und Menschenwürde, Frankfurt 1950
Weller, Maximilian, *Das Buch der Redekunst*, Die Macht des gesprochenen Wortes in Wirtschaft, Technik und Politik, Düsseldorf 1962

WEITERE EMPFEHLENSWERTE LITERATUR:

Erl, Willi, *Gruppenpädagogik in der Praxis*, Tübingen 1970
–, *Methoden moderner Jugendarbeit*, Tübingen 1968
Hofstätter, Peter R., *Gruppendynamik*, Hamburg 1970
Höller, Ernst, *Zur Theorie und Praxis des Schülergesprächs*, Wien 1970
Homans, George Caspar, *Theorie der sozialen Gruppe*, Köln-Opladen 1965
Kober, Hellmut und Rosemarie, *Gruppenarbeit in der Praxis*, Frankfurt 1967
Konopka, Gisela, *Soziale Gruppenarbeit: ein helfender Prozeß*, Weinheim–Berlin–Basel 1968
Lattke, Herbert, *Sozialpädagogische Gruppenarbeit*, Freiburg 1962
Meyer, Ernst, *Die Gruppe im Lehr- und Lernprozeß*, Frankfurt 1970
Pöggeler, Franz, *Methoden der Erwachsenenbildung* (hier der Abschnitt »Das Gespräch«), Freiburg 1967
Rössner, Lutz, *Gespräch, Diskussion und Debatte im Unterricht der Grund- und Hauptschule*, Frankfurt 1967
Schorer, Hans, *Das Gespräch in der Schule*, Frankfurt 1962
Walz, Ursula, *Soziale Reifung in der Schule*

ZEITSCHRIFTEN:

Schwalbacher Blätter, Wiesbaden-Dotzheim
Gruppendynamik, Stuttgart
Gesellschaft, Staat, Erziehung, Stuttgart/Frankfurt
Das Parlament, Bonn

INHALT